孩子进入小学后，家长要重视对孩子学习习惯的培养。我们发现，有良好学习习惯的孩子，在小学阶段成绩很好，到了中学依然优秀，接着顺利考上高中，然后考上理想的大学；而没有良好学习习惯的孩子，在小学阶段成绩或许不错，可到了中学成绩开始不稳定，甚至下滑。由此可见，好的学习习惯对于孩子来说非常重要。

家长该如何培养孩子良好的学习习惯呢？

首先，家长要做好榜样。我们都说父母是孩子最好的老师，家长在平时生活中的学习习惯会直接影响孩子学习习惯的养成，所以家长要想让孩子养成良好的学习习惯，自己首先要做到保持良好的学习习惯。其次，家长要为孩子营造良好的学习环境。孩子如果在学习的过程中总是被打扰，注意力无法集中，学习时就容易分心，从而不利于良好学习习惯的培养。再次，不给孩子养成不良学习习惯的机会，比如，做作业拖拖拉拉、当天的作业第二天做等。家长若发现孩子有不良的学习习惯要及时纠正。最后，家长要引导孩子找到正确的、适合自己的学习方法，并养成用科学的方法学习的习惯。

基于此，我们对一些学习成绩稳定的孩子进行调查，发现他们有共同的学习习惯：课前做预习、课上专注听讲、课后及时复习、高效做作业、做好时间管理、提前做学习规划、自主学习、拥有科学的记忆方法、注意学习上的劳逸结合、高品质阅读、能科学应对考试等。这些好的学习习惯使他们的学习变得轻松，所以取得好成绩是自然而然的事情。

本书系统地介绍了这些好的学习习惯，希望能够帮助家长更好地引导孩子。家长也要根据孩子自身的实际情况，有针对性地培养。比如，孩子很少做预习，就慢慢培养孩子提前一天预习课本的习惯；孩子的自主学习能力弱，就着重培养孩子独立学习的习惯；孩子缺乏好的记忆方法，就教给孩子科学的记忆方法；等等。这样，孩子才能有效、主动、快乐地学习。另外，家长的鼓励对孩子非常重要，家长具体、正面的鼓励能够激发孩子学习的主动性和积极性，让孩子有动力将好的学习习惯保持下去。

好的学习习惯会陪伴孩子一生，会让孩子的学习之路更顺畅。最后，祝愿孩子学习顺利，取得理想的成绩！

好习惯带来好成绩

成雅梅 著

北方联合出版传媒(集团)股份有限公司

万卷出版有限责任公司

图书在版编目（CIP）数据

好习惯带来好成绩 / 成雅梅著. –– 沈阳：万卷出
版有限责任公司，2022.6（2023.5重印）
ISBN 978-7-5470-5971-5

Ⅰ.①好… Ⅱ.①成… Ⅲ.①小学生－习惯性－能力
培养 Ⅳ.①G625.5

中国版本图书馆CIP数据核字(2022)第066174号

出版发行：北方联合出版传媒（集团）股份有限公司
　　　　　万卷出版有限责任公司
　　　　　（地址：沈阳市和平区十一纬路29号　邮编：110003）
印　刷　者：唐山市铭诚印刷有限公司
经　销　者：全国新华书店
幅面尺寸：145mm×210mm
字　　数：160千字
印　　张：5
出版时间：2022年6月第1版
印刷时间：2023年5月第2次印刷
责任编辑：齐丽丽
责任校对：佟可竟
策划编辑：马剑涛　徐红有
封面设计：季晨设计工作室
ISBN 978-7-5470-5971-5
定　　价：36.00元
联系电话：024-23284090
传　　真：024-23284448

目录 CONTENTS

Part 1

养成良好的学习习惯，
让孩子迈向学霸之路

第1节　制订学习计划

很多家长不太注重培养孩子制订学习计划的习惯，其实让孩子学会给自己制订学习计划很重要。有研究发现，智力相同的两个孩子，有学习计划的孩子学习目标更明确，学习时更专注，没有学习计划的孩子在学习时则相对松垮。

制订学习计划要遵循孩子的意愿

制订学习计划是为了让孩子更好地投入学习，不是为了监督孩子。所以，家长一定要和孩子沟通好，让孩子自觉自愿地为自己制订学习计划。

我们来看看下面这位妈妈是如何引导孩子制订学习计划的，又是怎样和孩子沟通的。

制订学习计划前

妈妈："宝贝，今天有家庭作业吗？"

孩子："背古诗，做题……"

妈妈："那不如我们制订一个计划吧！"

孩子："写作业已经很辛苦了。为什么还要制订计划？"

妈妈："先制订计划再落实好每一项，能更快更好地完成作业哦！"

孩子："真的吗？"

妈妈："我们试试看！"

制订学习计划后

孩子："自从制订了学习计划，做作业的速度都变快了。"

妈妈："这叫'磨刀不误砍柴工'。"

孩子："完成家庭作业，在计划表上打'√'的感觉可真棒。"

妈妈："给你点赞！"

　　从以上的对话可知，孩子听进去了妈妈的建议，也愿意尝试。当孩子真正体会到了制订学习计划的好处，自然愿意在以后的学习中保持这个习惯。而且，孩子自从制订了学习计划，学习的积极性变得更高了。

如何制订学习计划

1. 根据学校的课程制订

学校会根据课程要求制定适合学生学习进度的课程表，家长可以在学校制定的课程表的基础上，让孩子自己制订学习计划。下面是某学校的课程表：

课程表

午别	节次	星期一	星期二	星期三	星期四	星期五
早上	早读	语自	数自	语自	英自	数自
上午	1	语文	数学	语文	数学	数学
	2	数学	语文	数学	语文	语文
	3	英语	语文	数学	语文	语文
	4	品德	英语	音乐	数学	英语
中午	午　　休					
下午	1	班会	写字	英语	作文	数学
	2	少先队活动	英语	美术	作文	体育
	3	体育	体育	数学	英语	安全

孩子可以根据这个课程表制订当天适合自己的学习计划。比如，星期一有语文、数学和英语三门课程，且每一科都有少量的家庭作业，那么孩子可以根据作业情况安排做作业的顺序、

时长，包括具体的作业内容等，如下表所示：

我的一周学习计划表							
	星期一	星期二	星期三	星期四	星期五	星期六	备注
作业 1	朗读课文（10分钟）						
作业 2	做数学题（30分钟）						
作业 3	背英语单词（15分钟）						
其他	为少先队活动做准备（20分钟）						
我的周总结							

孩子制作计划表时可以用不同颜色的笔，画属于自己的标志符号，让计划表看起来充满生趣，这样实施起来也会感到轻松、有趣。

2.根据孩子的学习基础制订

每个孩子的学习情况不同，课后学习的侧重点也不同。因此，制订计划表时，要根据孩子的学习基础和当天授课的实际情况，列出具体的作业内容、要求、达成情况并做好备注。比如，孩子的数学基础薄弱，可以有针对性地加强当天数学一项的练习；孩子的英语基础薄弱，可以增加几分钟英语学习时间；等等。

坚持执行学习计划

孩子养成一个习惯，一般要经历三个阶段，简单来说就是从被动、主动到自动，从心理层面上分析需要经过接受、认同、内化的过程。

第一阶段：建立"需要养成好习惯"的认识。

第二阶段：确定好习惯的内容，商量具体怎么实施。

第三阶段：落实行动，形成习惯。

那么，如何确保孩子在制订好学习计划后能执行并坚持呢？

（1）计划一旦制订，就要遵守。学习计划表要放在醒目的位置，以便于记录和调整。每一项学习内容从计划到实践再到达成目标，这个过程使孩子不仅能充分体会到学习的乐趣，还能收获完成目标的成就感，从而形成良好的学习循环模式。

（2）计划实施一个周期后，可以让孩子做个小总结，看看这段时间掌握了哪些知识，又做了哪些拓展，以及还有哪些遗漏的学习内容、没有掌握的学习内容，及时进行补救学习，避免耽误学习进度。

（3）计划不是制订了就不能改变的，在执行学习计划时若遇到阻碍，可以根据实际情况灵活调整。

养成制订学习计划的习惯，让学习成为日常生活的一部分，可以让孩子快快乐乐地学习。

第2节　做好时间管理

时间管理在孩子学习生活中不可缺少。我们发现，有的孩子能够将自己的生活和学习管理得井井有条，有的孩子则相对散漫。为了不让孩子荒废时间，家长一定要让孩子形成珍惜时间的观念，培养孩子科学管理时间的好习惯。

1. 培养孩子的时间管理意识

聪明的家长会早早地帮助孩子建立时间观念，让孩子知道时光一去不复返，每个人的时间都很宝贵。孩子到了学龄期，家长要尝试培养孩子的时间管理意识，在日常生活中锻炼孩子自己管理学习和安排生活的能力。

2. 制订一天的时间计划

我们来看看下面这位妈妈是怎么和孩子安排一天的时间规划的。

> 妈妈："宝贝，你知道一天有多少个小时吗？"
>
> 孩子不假思索："我知道，是 24 个小时。"

妈妈："回答正确！那你知道这24个小时要怎么用吗？"

孩子思考了一下："睡觉用掉8小时，去学校上课大概用掉8小时，还剩下8小时……"

妈妈："我们怎么把剩下的8小时充分地利用起来呢？"

孩子："要先写作业，再去玩儿，还可以看书，帮妈妈做家务。"

妈妈："这样安排很合理，那你能坚持做好吗？"

孩子："当然可以。"

和孩子做好约定，一段时间后，家长会发现，不用督促，孩子也能够自觉主动地要求自己按照计划进行。

这里要注意的是，在和孩子建立约定之初，不要约定过多的内容或为孩子制订细密的时间规划，只要简单完成一项或两项即可，循序渐进地培养。在此基础上，随着孩子年龄的增长，可以让孩子制订适合自己的时间管理计划。

3.做长期和短期计划

（1）设立一个长期目标。比如，孩子想当老师，可以让孩子把这个理想设为自己的长期目标，现在通过好好学习基础知识、不断拓展新的知识，丰富自己的内涵和修养，为实现这个理想奠定基础。

（2）短期目标要明确。短期目标可以是半年的、一个月的、一周的，设定短期目标一定要明确具体可行的任务、进度，以及要达到怎样的效果。

4.巧用零碎时间

所谓零碎时间，是指不连续的时间或某一件事情与另一件事情衔接的空余时间。零碎时间可能是 5 分钟，也可能是 10 分钟、20 分钟；根据情况的不同，可能是可预测的，也可能是不可预测的。家长可以引导孩子利用这些零碎时间去做有意义的事情，避免零碎时间被浪费。

孩子可以利用零碎时间做以下事情：

（1）默背诗词、单词、公式。可以把刚学的古诗、英语单词或数学公式抄在小纸条上，或制成小卡片，以便能随时翻看，加强记忆。

（2）做计划整理。可以回顾一下最近的学习情况，想一想哪些科目有待加强，及时做计划内容和时间上的调整。

（3）收集想法。可以把灵光一现的想法记录下来，也可以为新阅读的书籍写几句读后感。

第3节　学习要劳逸结合

　　每个人的精力都是有限的，如果孩子一直学习，就会像橡皮筋一样处于紧绷状态，其实这样学习效果并不好。我们发现大多数成绩优秀的孩子都不会一直不停地学，而是懂得在该学习的时间学习，在该休息的时间休息，劳逸结合才会有良好的学习效果。

休息好，才能学得好

　　（1）课间休息时间。下课后的 10 分钟或 20 分钟是自由活动的时间，在这段时间要结束上节课的学习内容，为下节课做好准备。可以利用 1~2 分钟的时间整理上节课的书和笔记本，再将下节课要用到的书本准备好；可以到教室外散散步，呼吸一下新鲜空气，让大脑得到短暂的休息；也可以到操场上活动一下四肢，做广播体操；或者和同学们一起做个小游戏，调节一下心情。最好在上课前 2 分钟返回教室，坐在座位上平复一下心情，做好上课的准备。

（2）放学时间。放学回到家后要先做作业，按照学习计划完成作业后开启自主时间，可以玩一些益智游戏，适当地看看电视、书，做做手工，和小伙伴们一起玩耍，让放学后的时光自在轻松。

（3）周末时光。周末是孩子的快乐时光，但仍然要先完成周末作业，完成作业后可以根据计划进行课外学习，也可以开展平时想做的活动、体验想玩的游戏，还可以去参观博物馆、展览馆等，丰富见识。

（4）假期。随着假期的来临，孩子会度过一段较长的自主学习的假期生活。对此，要提前制订好假期计划，按时按量完成每天要做的假期作业，其余的学习时间可以用来简单了解新学期的学习内容。假期也是孩子弥补弱势科目的好时间，孩子可以利用这段时间对弱势科目进行补救学习。学习以外的休闲时间，允许孩子自由自在地玩耍或做有意义的事。孩子在开学前一周，家长要提醒孩子收收心，为新学期的到来做好准备。

课间、放学后、周末、假期的休息和适当的休闲活动都是为了让孩子能够调整心情、养足精神，以更加饱满的精神状态去迎接新的学习和挑战。

休息时间要避免的事项

（1）避免做超负荷的作业。孩子做完老师布置的家庭作业后，如果对当天学习的知识掌握得良好，家长尽量不要让孩子去完成额外的作业，因为超负荷的学习任务容易加重孩子的负担，反而影响第二天正常的学习。

（2）避免作息不规律。周末和假期时间，不要因为有大量的自主时间就任意挥霍，一定要按照计划规律作息，不要睡懒觉，也不要通宵达旦地玩乐。

（3）避免过度娱乐。周末、假期可以适当地放松身心，但不要过度娱乐，以免养成不好的习惯。

第4节　沉着应对考试

　　孩子在整个学业过程中会面临各种各样的考试。考试既能检验孩子的学习成果，也能考验孩子的心理素质。有的孩子考试时镇定自若，考试的成绩令人满意，有的孩子一到考试时就紧张、怯场，考试后的成绩总是不理想。导致孩子紧张、怯场的因素有很多，如平时的学习努力程度不够、心理素质差等。因此，要想让孩子沉着应对考试，应做好以下事项。

考前做好基础准备工作

　　（1）做好知识储备。平时学习要认真、努力，考试前做必要的系统复习，只有知识掌握得足够扎实，才能胸有成竹地参加考试。有的孩子平时学习不努力，临近考试发现还有很多问题没有解决，很多知识没有掌握，心里非常着急，对能否顺利通过考试缺乏信心，因此产生胆怯心理。

　　（2）做好心理准备。考试前要尽可能调动孩子的一切有利心理因素，让其心态处于积极的状态。

（3）做好物品准备。考前准备好考试工具，多带几支笔备用，把要用的东西统一放在一个文件袋里，避免因为没准备好而影响考试。

（4）注意休息和饮食。考试前保持充足的睡眠，拥有饱满的精神状态，三餐合理饮食，尽量不吃生冷的食物。考试前切记不要熬夜复习，"临时抱佛脚"容易导致大脑疲惫，使考试时的精神状态更差。

调整考前和考试时的紧张心情

针对孩子考试时容易出现紧张心理的情况，家长可以让孩子按以下方法进行调整。

（1）注意力分散法。进入考场前想一些与考试无关的内容，决不要想"试卷会出什么题，我会不会答""考不好怎么办"这类问题。

（2）注意力集中法。拿到试卷后，要用最快的速度把注意力集中到回答问题上，先从简单和较有把握的题答起。一般来说，如果能顺利答出几道题，接下来的情绪会稳定很多。

（3）自我暗示法。脑海中出现纷杂的思绪，产生怯场的心理时，可以在心里告诉自己"冷静、放松""集中注意力""我有信心能考好"等。

（4）深呼吸法。先深长且缓慢地吸一口气，然后屏住 4~5 秒钟，再缓缓吐气，反复几次。深呼吸可以放松大脑和身体肌肉，吸入充足的氧气，从而达到平心静气的效果。

答卷时要注意的事项

1. 拿到试卷先审题

拿到试卷后，先不要着急答题，一定要从头到尾浏览一遍题目再做题，对试卷的难易程度做到心中有数。

解答每一道题前要先仔细读题、审题，找到题目的关键点和主要考查对象，一定要看清楚题目的要求，看看题目前后是否标有说明性、提示性、解释性的文字，看清楚该项题目的得分，如果是选择题要看是单选还是多选，如果是语文的阅读题要看是写文字还是写序号，看清题目要求画什么样的符号、画在什么地方，等等。

2. 注意规范答题

如果是选择题，注意把选项的字号清楚、准确地写在指定题干后面的括号里或横线上；如果是填空题，要工整、清楚地书写好汉字、数字、序号等；如果是阅读题，先仔细阅读短文，然后逐个按照题目顺序答题，按要求在指定的横线上、括号里、方框内或短文中作答；如果是看图写话或作文，要注意表述符合逻辑，标点符号使用规范。

此外，要特别注意卷面。书写每一个字或标点符号时要注意笔迹工整、条理分明、层次清楚，回答主观题或作文题时要考虑到转行、转页能否使阅卷人找到。整洁、有序的卷面能够给人一种美的感受，字迹潦草、模棱两可的符号、涂涂改改会使卷面看起来不美观。所以家长平时也要注意培养孩子认真书写的习惯。

3. 答完题后留出时间检查

考试结束前一定要留出检查全部答案的时间。首先，检查时要特别注意平时容易犯错的地方。比如，数学题有没有计算错误、单位换算错误等；语文题有没有错别字、语句不通顺、标点符号错误等。

然后，检查有没有因为粗心导致的笔误，特别是有没有遗漏的，如果时间充裕，可以验证一些步骤，补充一些内容。

最后，响铃再交卷，不提前交卷。检查完试卷后，要再次确认名字、班级、考号等信息是否填写正确，确认后静静地坐在座位上将试卷浏览一遍，可以做一下成绩的预估，等响铃后再交卷。

第5节　总结学习经验

在生活中，我们发现善于总结学习经验的孩子学习成绩优秀，这些孩子能找到更适合自己的学习方法；相反，不善于总结学习经验的孩子，学习成绩忽高忽低，容易出现同样的错误反复犯的问题。我们知道，学习是一个漫长的过程，在这个过程中，孩子需要不断摸索出更好、更适合自己的学习方法，因此及时总结学习经验具有非常重要的意义。

那么，什么时候最适合总结学习的经验和方法呢？实际上，随时随地都可以对以往的学习进行总结，可以针对某一点或某个方面进行小总结。系统、全面的总结可以在一天学习结束后进行，也可以在一周学习结束后、每次考试结束后、每个期末进行。

1. 回顾每日所学

家长可以利用孩子完成作业后或睡前的时间，和孩子一起回顾一下当天所学的内容。

（1）回顾当天所学的知识。临睡前的5~10分钟，家长可以和孩子聊一聊白天他在学校学到了哪些知识，说一说他对这些知识的掌握情况。

（2）回顾课后作业。做完作业后的20分钟，可以先让孩子知道完成每一项作业总共用了多长时间，然后再想一想做作业的过程中出现了哪些问题或者有哪些新的发现。如果是因为没有掌握好知识导致做作业时出现卡顿，就要及时翻看课本，回忆课堂所学；如果有新的问题，就请教家长，或第二天请教老师。

2.每一次考试后做总结

考试成绩在一定程度上反映了前段时间孩子对学习内容的掌握情况，所以考试后一定要对上一个周期的学习情况做总结，及时总结好的学习方法和不适合的学习方法，坚持好的学习方法，改正不适合的学习方法。

（1）对于考试成绩比较理想的科目，让孩子想一想学习这些科目时的学习状态，总结一些适用于其他科目的学习方法，将这些方法运用在其他科目上。

（2）对于考得不好的科目，就要具体问题具体对待。考卷下发后，让孩子第一时间看看错在哪里，通过翻书或请教老师，及时进行补救学习，这时候查漏补缺往往印象深刻。之后，要反思为什么会出错，是由于知识掌握得不牢固还是粗心大意，针对不同的问题要有的放矢，避免下次犯同样的错误。

3.学期末做总结

随着学期末的到来，孩子要度过较长的假期生活，在学期末对该学期进行总结和复盘很重要。

（1）回顾各科所学的内容。把各科的课本从头到尾翻阅一遍，同时回忆这个学期上每一节课时的情景。

（2）加强对弱势学科的学习。学期结束不代表学习结束，在假期仍然要加强对弱势学科的学习，为新学期的学习打基础。

4.采用成绩好的孩子的学习方法

学习成绩好的孩子常常会采用以下的学习方法，试着让你的孩子也用起来吧。

（1）举一反三。比如，孩子学习了某个生字，就可以让孩子学习与这个字相关的词，并尝试造句。

（2）勤于归纳。随着学习内容的增多，很多同类知识如果不及时归纳总结，就容易出现混淆或忘记的情况。这时归纳法就能起到理清思路、帮助记忆的作用。

（3）一题多解。比如，数学题目常常有一题多解的情况，孩子做完一道题后，不妨让他花几分钟时间思考一下这道题还有没有其他的解答方法。再比如，孩子答完语文中的主观题后，可以让他看看能不能采用第二种口吻或思路回答。

Part 2

课前做好预习，
课堂学习才能更加高效

第1节　课前做好预习很重要

　　学习是由多个环节构成的，预习是最初的环节，也是学习过程中很重要的一环。如果孩子能够有条不紊地做好课前预习，那么学习过程也会顺畅很多。

　　我们来看看下面这位妈妈是如何引导孩子做预习的。

做预习前

妈妈："宝贝，我们来预习一下明天的功课吧。"

孩子："为什么要预习？明天不就要学了吗？"

妈妈："学习知识就像认识新朋友，预习就像是先了解这个新朋友，这样明天学习的时候就不紧张了。"

孩子："好呀！好呀！"

孩子："做好了预习，明天就能更好地听老师讲课了！"

妈妈："是的，课前做预习还有很多好处呢。"

孩子："我会慢慢发现哦！"

妈妈："哈哈哈……"

通过预习，可以增加听课的目的性、针对性，可以明确老师所讲的内容和板书所写的内容当中，有哪些是课本上的，有哪些是老师补充的，这样就可以对课堂上所学习的知识和学习进度有所把握，从而不慌不忙、有自信心，也能够合理分配好精力和注意力。

做预习还可以带孩子回顾与新知识有关的旧知识，做到常学常新，把基础打得更扎实。

此外，做预习还有以下作用。

（1）孩子不怕上课了。孩子对课堂内容掌握得不好，就会产生不喜欢上课的心理。孩子若在课前做好预习，对课堂上要学习和掌握的知识有所把握，在上课的时候就能积极地跟老师互动，这样孩子的课堂表现更好了，孩子就会更喜欢上课了，也就愿意好好学习了。

（2）孩子上课认真听讲了。孩子做完预习，心中一定会有很多疑惑，孩子要想解决这些疑惑，满足自己的好奇心，就要在上课的时候注意听，从而获得答案。这样孩子自然而然就能把注意力放在认真听课上了。

（3）孩子更虚心了。孩子做预习的时候，发现还有很多自己不懂的知识，而只有通过不断学习才能让自己的知识更丰富，这样孩子就能保持谦虚的态度来对待之后的学习。

（4）孩子的学习能力更强了。预习能够让孩子形成发现问题、分析问题、解决问题的良好循环，在这个过程中，孩子的思维变得更敏捷、思维方法更多样了，这样就避免了单一的、填鸭式的学习。

第2节 预习的基本方法

孩子："妈妈，预习就是浏览一遍课本吗？"

妈妈："浏览只是预习的第一步，接着还要做一些整理和归纳，找一找重点和难点，再查一查资料……"

孩子："听起来好难。"

妈妈："一点儿都不难，我们可以把它想象成认识新朋友，你肯定要知道这个新朋友叫什么名字、从哪里来，这样一步一步带着兴趣去预习，就一点儿也不难。"

孩子："那我试试看！"

　　预习不同于听课，一般来说预习就是提前感知教材，进行初步的认识和整理，为第二天的上课做铺垫和扫除障碍。但是，预习可不是简简单单粗略地看一下，而是要讲究方法和效率。

1. 浏览课本上的内容

　　将第二天要学的内容从头到尾浏览一遍，通过这个方法能够大概知道要学的新知识。

（1）阅读课文。预习语文课文时，首先要把课文朗读或默读一遍。读第一遍课文时可以读得略微快一点儿，读完后大体知道课文讲了一个什么样的故事，找到课文中不认识的生字，通过查字典的方法认识生僻字。

（2）巧做标记。对于课本上暂时没有弄清楚的知识，可以通过画线的方式标注出来，等上课的时候着重听老师对这部分内容的讲解。

（3）把问题记下来。粗读完一遍后可以把没有弄明白的地方记下来，然后再精读一遍，看看通过自学能不能弄明白，如果还弄不明白就去请教家长。

（4）看课后的学习要求。可以看看课文后面的学习目标或学习要求，比如"背一背""练一练"等，做到有目标地学习。

2.记住预习的内容

做完预习后，要让孩子记住做了哪些预习，不是要记住所有的内容，而是要对自己所做的预习有一个系统的了解，等第二天老师讲课的时候能够和老师互动。如果精力和时间充裕的话，也可以先做一些基础记忆，如背一背英语单词、语文字词、数学公式等，这样等老师讲课的时候，就能理解得更快、更好。

3.以理解课本内容为主

做课前预习要以理解为主，不是要把所有的内容都弄明白，而是只要达到初步理解的目的就可以了。预习后即使存在很多疑问也很正常，这样在听课的时候才能做到有重点、有目的地去听。预习的过程是理解的过程，只要上课时不出现一脸蒙的状态，面对新内容、新知识不会手足无措，就达到了预习的目的。

4. 预习要抓住三个点

（1）新旧知识衔接点。我们知道知识和知识之间是有联系的，孩子在做预习的时候，能够在看到新知识的时候联想到学习过的旧知识，把新知识和旧知识结合起来学习，是很好的学习方法。

（2）旧知识重点。在预习的时候，如果需要用到之前学过的知识，就认真复习一下旧知识，把重点记全、记准确，这样孩子在学习新知识的时候就不会因为还没掌握好旧知识而卡壳了。

（3）新课重点。预习时要做的一项重要内容就是找到新课中要讲的重点内容，如果孩子一时说不准确也没关系，只要有思考的过程和新旧知识的联系过程，就成功了一半。只要孩子保持这个习惯，慢慢地就能摸索到方法啦。

第3节　适度预习，利用好期待效应

作为学习过程的开端，预习可不是学得越多越好、时间越久越好。这是因为如果孩子花很多时间和精力来做预习，那么当天休息时间就会被占用，第二天听课时的专注力就会受影响。而且如果预习的时候把全部内容都学了，孩子上课就不会认真听讲了。所以，预习要坚持适度原则，不能将全部的精力都耗费在预习上。

1. 预习的时间、内容要适度

一般将预习的时间控制在 20~30 分钟最为合适，当然也要视情况灵活变通，不能一概而论。预习尽量安排在做完家庭作业之后，这样能起到承上启下的作用，既对当天所学的知识做了复习，又对第二天要学习的内容做了预习。

适度原则不仅指时间和精力上的适度，也指学习内容上的适度。

（1）针对课本上比较简单的内容，只看一遍就好，做到脑海中有印象，不一定要背会、掌握。

（2）针对课本上比较难的部分，可以多看一会儿，通过查字典、找资料等方式进行初步学习，做到能理解即可。值得注意的是，通过自己学习形成初步理解，再通过课堂上老师的讲解进行验证，这样的学习模式能给孩子更深刻的印象。

2. 适当温习旧知识

预习的目的是为了更好地听懂新课，那么在做预习的时候就要抓住一个重点，就是"扫清障碍"。

我们知道很多知识是环环相扣的，如果过去学习的某个知识点没有掌握牢固，或者因为时间过长已经全部遗忘或部分遗忘，再直接学习新知识就会出现似懂非懂的状况。所以，在预习的时候，如果在新课中遇到了之前学过的内容，就赶紧翻开课本或资料温习一下，这样既能加深之前学习的记忆，又能扫清学习新课程的障碍，不至于在上课时才想到要回顾旧知识，导致影响听课效率。

3. 不同的年龄群体如何适度预习

小学低年级的孩子，如果学习不吃力，成绩还不错，上课也能做到认真听讲，并不是每天都要预习的。因为低年级的课程比较形象，老师讲课进度也慢，孩子只要认真听讲，一般都能跟上。

小学高年级的孩子可以做适当的预习。如果要求预习，那么老师会在前一堂课结束时给出预习提纲，孩子预习的时候根据提纲进行就好，因为预习提纲和老师的讲课内容是相匹配的。

预习完成后，让孩子闭上眼睛回忆一遍预习内容，孩子对课程整体就有了思路和一定的把握。

第4节　如何预习语文、数学、英语

在小学阶段，我们重点讲解如何引导孩子预习语文、数学和英语这三门科目。

如何预习语文

在讲解如何预习语文科目之前，我们先来看看一个孩子和妈妈的对话。

> 孩子："妈妈，我每次语文考试都能得高分，就不用预习语
> 　　　文了吧？"
> 妈妈："可别把语文想得这么容易，你现在之所以能考高分
> 　　　是因为学习的知识点不难。要知道语文知识是基础
> 　　　知识，只有学好语文才能学好其他学科的知识。"
> 孩子："不就是写好汉字、积累词语、背课文吗？"

妈妈："当然不是，我们中国文化博大精深，需要更用心、更专注地学习。"

孩子："那我要认真预习了。"

语文是孩子认识世界、建立基础沟通的一门学科，绝不能对语文学习掉以轻心。预习语文课程可不是看看生字、生词表，懂个大概意思这么简单。

那么，如何引导孩子预习语文呢？

1. 通读课文

让孩子在通读课文的过程中，用铅笔画出生字、生词和看不明白、存在疑问的地方。然后通过查字典、上网查资料、翻书找相关知识或者向家长请教等方式解决问题，就能顺利读懂全文了。

在这个过程中，提倡使用查字典、上网查资料、翻书找相关知识等自主性强的方法，以培养孩子的自学能力。

在通读的过程中，有的孩子习惯做一张表格，这样可以让所学内容比较清晰地呈现出来。

语文预习表一						
文章题目	作者	生字	生词	句	段	中心思想

需要注意的是，家长可以让孩子根据自己的习惯绘制表格和填写表格，只要能做到思路清晰、重要知识突出即可。

2. 分析、理解课文

顺利地读完课文后，孩子要弄清楚课文包含的一些基本信息，如人物、时间、地点、事件等。除此之外，孩子要想一想这篇课文想要表达的中心思想是什么，可以自己先归纳总结一下，然后等上课的时候与老师讲解的内容进行对比和验证，这样更能提高孩子分析和总结的能力。

当然，这时可能还存在很多问题，孩子可以把疑惑一一记录下来，通过课后请教老师、家长以及自己看书得到解答。这些内容也可以通过表格来呈现。

语文预习表二					
问题 1	问题 2	问题 3	问题 4	问题 5	问题 6

需要注意的是，这里的内容，可以在学完整篇课文后解答，也可以暂时空着，等找到合适的答案再填写。

3. 记生字、生词

每一节新课文，都会有一定的生字、生词出现。预习的时候，可以把这些生字、生词多看几遍，多写几遍，掌握读音也很重要。

如何预习数学

数学是一门基础学科，包括计算、测量、图形等内容，孩子在预习的过程中要讲究方法，学习方法对了，才能收到事半功倍的效果。

预习数学的时候，也要抓住以下几项重要线索。

1. 阅读课本

阅读数学课本时，要运用数学思维，想一想这一节要学习什么知识，做出初步的判断，切忌走马观花。

2. 围绕定理、公式思考

在看每一部分或每一道题目时，要想一想运用了哪些数学知识，有没有重点显示的公式或定理，试着去理解这些公式或定理的含义。

3. 汇总知识

将在数学课上学到的概念、定理、定律、公式或者数学符号等写在一张纸上，试着找出它们之间的联系。这样做既有助于加深印象，也有助于理解新知识，上课可有重点地听讲。

4. 试做课后练习

课后练习题通常是在老师授课后做的，但在做预习的时候也可以试着让孩子解答一下，检验预习的成果。做练习不是要强调做对，而是要知晓第二天学什么。

如何预习英语

学习英语是为了应用，让孩子更顺畅地沟通交流，敢说、能应用才是进行英语学习的正确方式。那么，如何预习英语呢？可以从以下几点进行。

1. 听录音

学英语是从听开始的。预习的时候，可以先听一听配套的音频资料，然后试着跟读，反复跟读几遍。听和读的过程可以培养孩子对英文的敏感程度，可以培养孩子的语感、语速、节奏等。

2. 大声朗读

面对课文中的标题、对话或短文，鼓励孩子大声地朗读出来，不要怕错，读得不好可以再听、再读、再练习，通过大声朗读才能知道哪里读得不准确，才能更标准、更好地学英语。

在朗读的时候，可以读一遍英语，再对着汉语翻译读一遍，英汉结合，更能贯通文意，理解单词和词组等。

3. 勤于书写

语言表达的另一种形式就是写，孩子的英语书写能力也不能忽略。从写字母开始到写单词、写句子，可以一边写一边读，大脑和手同时练习，且反复多次练习，之后还可以通过默写来强化记忆。

第5节　巧做预习笔记

有的孩子看似做了预习，但第二天基本就忘掉了，这是孩子不会做预习笔记的结果。千万不要把做预习笔记理解成跟做课堂笔记一样。课堂笔记是在上课听讲的过程中按照老师的思路记录下来的内容，而预习笔记是为了理清思路、扫除上课障碍、提高自学能力，相对比较简单。

如何教孩子做预习笔记呢？一般做好以下几点，预习效果更好。

1. 做标记符号

以预习语文为例：课文中出现的生字、生词，可以在其下方标注黑色圆点；课文中出现的优美词语、句子和段落，可以在其下方画波浪线；表达中心思想和情感的语句，可以在其下方画横线；对于不明白的地方，可以在文段的下方或左边打问号。下面以课文《吃水不忘挖井人》为例来讲下如何做标记符号。

课文内容

瑞金城外有个村子叫沙洲坝，毛主席在江西领导革命的时候，在那里住过。

村子里没有水井，乡亲们吃水要到很远的地方去挑。毛主席就带领战士和乡亲们挖了一口井。

解放以后，乡亲们在井旁边立了一块石碑，上面刻着："吃水不忘挖井人，时刻想念毛主席。"

做标记符号

瑞金城（？）外有个村子叫沙洲坝（？），毛主席在江西领导革命的时候，在那里住过。

村子里没有水井，乡亲们吃水要到很远的地方去挑。毛主席就带领战士和乡亲们挖了一口井。

解放以后，乡亲们在井旁边立了一块石碑，上面刻着："吃水不忘挖井人，时刻想念毛主席。"

2. 写知识点

下面仍以课文《吃水不忘挖井人》为例来讲下如何写知识点。

（1）这篇课文要求认识的汉字有：吃、忘、井、叫、毛、主、席、乡、亲、战、士、面。可以让孩子在不认识或不熟悉的汉字上方加注拼音，等老师讲解的时候能够很快地识别，很好地理解全文。

（2）课后要求书写的汉字有：吃、叫、主、江、住、没、以。让孩子仔细观察一下每个汉字在田字格里占的位置，是什么结构的字，认识一下偏旁和笔画。

（3）课后要求"读一读，记一记"的词语有：

水井　　井口　　叫声　　叫好

乡亲　　亲人　　主席　　主人

上面　　面前　　战士　　战友

可以让孩子想一想，课后要求书写的这些字还能组成什么词语，写在本子上，丰富孩子的词汇量。

3. 写感悟

引导孩子把预习的感悟写在本子上，不要求写多少字或写得多好，只要写出对这篇课文的理解或者想要了解的拓展知识就可以。

以课文《我多想去看看》为例：

妈妈告诉我，沿着弯弯的小路，就会走出天山。遥远的北京城，有一座雄伟的天安门，广场上的升旗仪式非常壮观。我对妈妈说，<u>我多想去看看，我多想去看看</u>！

爸爸告诉我，沿着<u>宽宽的公路</u>，就会走出北京。遥远的新疆，有<u>美丽的天山</u>，雪山上盛开着<u>洁白的雪莲</u>。我对爸爸说，<u>我多想去看看，我多想去看看</u>！

可以让孩子在本子上写下自己的感悟，例如：

真想去天安门看升国旗！

长大了一定要去新疆看看！

······

第6节 让孩子根据自己的情况做预习

　　每个孩子每天要交叉学习多门功课，每天放学后要完成作业，还要做适当的复习，用于做预习的时间有限。为了在有限的时间内做好预习，孩子需要根据自己的实际情况选择正确的预习方法。

　　我们先来看看不同的孩子在预习的时候都会遇到哪些问题。

　　小甲："我学习了好多优秀同学的预习方法，可是为什么预习的效果还是不好呢？"

　　小乙："我的英语基础比较差，预习的时候有点儿吃力，所以学习英语常常占用很多时间。"

　　小丙："老师说预习可以促进听讲，我用很多时间做预习，可上课的效果仍然不是很好。"

　　小丁的妈妈："孩子今年刚上小学二年级，让他预习看看课本，可是孩子翻了几页就去玩儿了……"

针对以上情况，我们建议采取如下方法加以解决。

1. 不要盲目学习别人的预习方法

每个孩子的智力及其掌握知识的程度不同，成绩比较好的孩子一般基础知识掌握得牢固，学习进度也相对较快，所以他们的预习方法不一定适合基础知识相对薄弱的孩子。

（1）多温习旧知识。基础知识掌握得不牢固的孩子，需要在预习的时候多温习一下基础知识，寻找与新知识的相关之处，巧妙地将新旧知识构建起联系。这样在听课的时候，既能学到新的知识，又能弥补旧知识不足的缺憾。

（2）找到适合自己的方法。让孩子根据自己的学习能力总结每次做预习的经验，找到预习和听课效果最好的一次或几次，让孩子试着总结这次或这几次的预习方法和经验，可以多试验几次，检验效果。如果效果很好，那接下来孩子可以依照适合自己的方法去预习。等过一段时间学习又有了新的进步，再重新总结新的适合自己的方法。

2. 重点预习弱势科目

我们知道，在学习上要做到全面发展，但是孩子常常会出现喜欢的科目更强、不喜欢的科目更弱的现象。为了避免孩子出现偏科的现象，就要从预习开始。

上文中，小乙在相对较弱的科目上多花点儿时间预习是值得肯定的。预习的时候，在基础较差的科目上多花点儿时间，找到学习内容的重点、难点，以及自己存在困惑的地方，优先处理自己存在困惑的地方，然后逐一去看本课的重点和难点，同时将最主要的精力放在课堂上，课后再做复习，加深理解和记忆。

对于弱势科目，预习要做到掌握学习内容和大致框架，争取上课时能跟上老师的思路。对于优势科目，用正常的时间和效率预习，如果时间允许的话可以适当做一些拓展。

3. 合理安排预习时长

预习虽然很重要，但不是用的时间越久越好、预习的内容越多越好，更不能占用做作业的时间和巩固复习的时间。预习的时间充裕时，预习速度可以慢一些；预习的时间较少时，要精简、快速地做完预习。在预习的时候，顺便把第二天上课要用的学习用具准备齐全，然后好好休息，保持很好的状态，为第二天认真听课做好准备。

4. 小学低年级不宜预习过细

小学低年级老师在讲课的时候会用生动形象的方法让孩子接受课堂内容，倘若孩子预习过多，当老师讲课的时候，孩子反而会不认真听讲了，所以家长不用过分操心低年级孩子的预习，让孩子适当翻阅一下课本，把注意力放在课堂上即可。

Part 3

专心听课，专注是课堂学习效率的保障

第1节 课前要做哪些准备

我们知道，上课前的准备很重要，它会在很大程度上影响孩子的听课质量。课前准备好学习用具、做好心理和生理准备，尽量避免在课前做剧烈运动、连续不断地学习，能够让孩子从容不迫、愉悦地度过课堂上宝贵的时光。

1.准备好学习用具

课前利用几分钟的时间，把上课要用到的各种学习用具准备好，如各科课本、笔记本、铅笔、橡皮等，连同与课本同步的练习册或资料手册也要准备好。

2.做好心理准备

（1）上课前最好能提前一到两分钟回到教室，安安静静地坐下来，想一想在即将开始的这堂课上老师会讲些什么内容，想一想自己还有哪些学习用具没有准备好，然后闭上眼睛做一次深呼吸，调整好状态。

（2）通过暗示的方法告诉自己上课时要保持平静的状态，用轻松愉悦的心情度过课堂40分钟的时间。

（3）可以适当期待一下老师在课堂上会讲新的知识，自己又将学到新的本领，开拓新的领域，从而感到兴奋，希望老师快点儿到来，在这样的心理状态下进入课堂，听课会更有积极性。

3. 做好生理准备

（1）保证睡眠质量。小学阶段的孩子每天的睡眠时间应达到 10 小时，晚上睡眠充足，白天才能有良好的精神状态。家长要监督孩子不能因为贪玩、加班加点写作业而导致睡眠不足。

（2）吃营养丰富的早餐。家长要督促孩子早上按时起床，吃营养的早餐，为开启一上午的学习补充能量。

（3）课前上厕所。课间有充足的时间，家长要提醒孩子不能只顾着玩儿而忘了上厕所，导致上课的时候再去上厕所而耽误宝贵的课堂时间。

4. 课前尽量避免的事项

（1）不做剧烈运动。家长要提醒孩子不在课前做剧烈运动，如长跑、打篮球、踢足球、拔河等，因为这些活动容易消耗孩子的体力和精力，导致孩子在课上因精力不足而无心听讲。家长可以建议孩子选择合适的活动项目。比如做广播体操、散步等，既不会消耗太多精力又能活动四肢；或者在课桌前做做眼保健操，到窗前眺望远处，去室外呼吸新鲜空气，和同学们聊聊天、听听音乐，让心情放松下来，大脑才能更清醒。

（2）不要连续不断地学习。家长要告诉孩子不要在课前一刻不停地学习，因为人的大脑每工作一段时间就需要休息一下，如果连续不断地工作，就会导致大脑疲劳，继而影响课上的听课效率。

第2节　用"五到"听课法集中注意力

孩子学习成绩的好坏 90% 取决于课堂听讲。的确，凡是课本上的重点内容，老师都会在课堂上重点讲解，而且会把课本上的关键知识点提炼出来，根据学生的知识基础、理解水平逐一详解。只要学生专心听讲，一般在课堂上就能很好地理解和记住新知识。由此可知孩子在课堂上专心听讲的重要性。

那么孩子如何集中注意力听讲呢？这就要用到"五到"听课法。

什么是"五到"听课法

所谓"五到"听课法，就是指心到、耳到、眼到、口到、手到，充分调动多种感官一起听课。同时调动这些感官听课能让大脑接收综合的、全方位的信息，也能避免注意力不集中的情况。

1. 心到

听课时要将全部的心思放到课堂上，要专心致志地听老师讲，要高度集中注意力听重点内容。在上课前，可以让孩子自我暗示：上课的时候要全神贯注，要将全部心思放在听课上。

有的孩子常常出现听课三心二意的情况，原因有两个：一是听不懂，二是自控力差。针对这两种情况，我们分别加以说明。

（1）孩子听不懂有可能是因为基础知识差，跟不上老师和同学们的进度，孩子听课的积极性受到了打击。针对这种情况，最好的方法就是提前预习，温习基础知识。

（2）自控力差的孩子容易受外部因素干扰，这就需要提高孩子的自控能力。提升孩子的自控力体现在生活的方方面面。比如，吃饭的时候好好吃饭，做作业的时候认真做作业，玩的时候痛快玩等。不要让孩子养成三心二意的坏习惯。

2. 耳到

耳到即用耳朵认真听老师讲课提什么问题、怎样分析推理、怎样做结论，同时也要听其他同学提出的问题、讨论的方法、不同的见解等。

3. 眼到

上课时目视前方，认真看老师的板书和演示。老师的板书往往是一节课的主要内容和重点，根据板书，结合课本进行理解，必要时把关键知识点记在笔记本上。老师在黑板上书写解题过程时要跟着老师思考解题步骤，记住解题方法和结论，学习解题思路。

4. 口到

为了加深印象和理解，可以课后复述老师讲的重点，尤其是重要的公式或定律。老师要求学生朗读时，要大声朗读指定的段落。老师在课堂上提问时，要积极地说出自己的理解和想法。没有弄明白的地方也要敢于提出，请老师再讲解一次。

5. 手到

手到，指的是在听课时要记笔记，记老师讲的重点，抄写对自己有用的板书。

"五到"听课法要求孩子灵活地根据课堂情况和老师的要求采用不同的方法进行学习。

帮助孩子集中注意力的其他方法

家长还要告诉孩子做到以下事项。

（1）排除干扰，多问几个为什么。上课时身体坐端正，不倚靠，不歪斜，不和同学们交头接耳。如果遇到紧张或注意力不集中的情况，努力让自己保持冷静，问自己是否受到了什么因素的干扰，能不能将这些因素放在课后再去思考，现在无论如何要先听课，强调听课的重要和宝贵，把注意力集中到课堂上来。

（2）积极思考老师提出的问题，跟上老师的思路。想要尽快让自己的注意力回到课堂上，可以听老师提出的问题，根据老师的问题展开思考。

第3节　紧跟讲课进度，根据老师的特点听课

在课堂上，老师讲课都有一定的思路，以此串联起这节课的精华。孩子听课的时候越能跟紧老师的思路，接收到的有效知识就越多。另外，不同的老师有不同的传授知识的风格，这就需要孩子根据老师的特点听课。

一般而言，老师都会提前做好讲课的进度安排，在课堂上会合理地把本课的重点、难点分散在整个课堂上，孩子在听课的过程中要注意把握以下几个方面。

1. 听老师提出的问题

老师在讲课的过程中往往会提出一些问题，有的要求学生回答，有的则是自问自答。老师在课堂上提出的问题一般都是知识的关键点，能够很好地启发孩子思考，将孩子的思维带到话题中，还能激发孩子的创新认知。孩子要根据老师提出的问题展开思考和联想。

2. 紧跟老师的推导过程

老师在讲解数学公式的来龙去脉或是解答某一道典型例题

时，或者讲解语文的中心思想、做分析总结时，都会有一个推导过程，这时孩子要集中注意力去听每个细节。理解这个推导过程对孩子牢固掌握知识内容有很大的帮助，也有助于提高孩子的分析能力和运用知识的能力。

3. 听老师的提示

在课堂教学中，老师经常会用一些提示语，如"请注意""我们再重复一遍""这个问题的关键是……""大家把这个知识点记一下"等，这些提示语表示老师即将讲解重点和难点。

4. 根据老师的特点听课

不同的老师的授课方式也各有特色，有的老师讲课滔滔不绝，有的老师讲课慢条斯理。这就要求孩子调整自己的状态，努力适应不同老师的教学风格。我们总结了以下几种老师的授课特点以供参考。

（1）"启发型"老师善于通过一系列的问题引导学生思考、讨论。这类型的老师注重激发孩子探索问题、思考问题的积极性。孩子要紧跟老师的思路，仔细听老师的提问，积极思考并主动回答。

（2）"重于实践型"老师喜欢让学生结合课本内容开展实践活动。这类型的老师注重培养孩子的实践能力，避免了孩子只懂得学习书本知识的不足。孩子要积极配合老师，踊跃参与实践活动，提高自身的实践能力。

（3）"引经据典型"老师知识渊博，善于在课堂上引用典故、时事、名言警句来引导主题。这类型的老师就像哆啦 A 梦，随时随地能从"口袋里"找到很多有趣的知识，让学习生活变得更加丰富多彩。孩子要提高注意力，多听老师的讲解，丰富自己的认知。

第4节　做好课堂笔记

俗话说"好记性不如烂笔头"，这也告诉我们在听课的过程中做好课堂笔记是很重要的。做笔记，能把老师讲的重点记录下来，能帮助孩子加深对课堂知识的理解；做笔记可以将知识点相互之间的联系、知识点的脉络清楚地展现出来，便于后期复习。

如何兼顾听课和做笔记

上课的时候既要听老师讲课，又要做好课堂笔记。怎样才能兼顾二者呢？下面来听一听学生和老师的对话。

> 学生："老师，上课的时候怎样才能既不落下听课进度，又能完整便捷地做好笔记呢？"
>
> 老师："因为一节课的时间有限，老师会把宝贵的时间放在

讲解上，只留一小部分时间给学生做笔记。所以课堂上的大部分时间要用来听老师分析、讲解，和老师互动；在听课的空隙抓住时机做笔记。做笔记的时机有三个：一是老师在黑板上写字时，要抓紧时间抢记；二是老师讲授重点内容时，要挤时间速记、简记；三是下课后，要尽快抽时间补记。"

学生连连点头。

老师："另外，要学会巧妙精练地做笔记，做笔记的目的其实就是把书本知识提炼出来，让自己看到某个标题或某几个字就能想起全部的知识。切记：不要大段大段地誉抄板书。"

学生："老师，您的分享很有用！非常感谢。"

做课堂笔记要把握住三点

（1）课堂笔记要力求简练、全面。在听课的过程中，主要任务在于听，辅助任务在于记，先将老师讲的重要知识点和知识框架、脉络简要记录下来，力求语句简短、精练，以达到看到笔记就能想到知识点为目标，在做笔记的时间很少的情况下，可以像填空题一样把一些文字留白，等到课后再进行补充。

（2）课后整理补充笔记。课后整理笔记，可以起到强化记忆的作用。整理笔记的时候，要结合课本，将漏记的内容进行补充，将记得不完整的地方补充完整，将记得不准确的地方修改准确，使整个笔记有顺序、有条理。

（3）根据老师的课件做笔记。在课堂上没有听明白的地方，课后可以找老师要讲课课件，老师的课件往往概括了整节课的知识内容，可以对照课件逐条逐次地补充笔记，找一找有没有遗漏或需要补充的知识，仍然没有弄明白的问题要及时请教老师。

课堂笔记要记哪些内容

（1）重点、难点。老师一再强调的知识点要着重注意，一定要记好、记准、记全。

（2）预习时没有搞清楚的内容。将易混淆、易错、理解不清或模棱两可的内容重点、清晰地标记好。

（3）书本上没有的内容。老师上课时补充的内容，可以作为书本知识的补充记下来，有助于孩子全方位地理解书本知识，拓展课外知识。

（4）老师在黑板上列的提纲、图解和表解。这些是整堂课的知识框架，记下来有助于概览全貌、分步骤理解等。

巧做课堂笔记

（1）做符号笔记，即在书上做记号，标明重点，提出疑问，以引起注意。可以选择自己熟悉的符号，如用问号表示有疑问的地方，用波浪线表示关键性的语句或段落，用着重号表示段落中的关键字，等等。

（2）用不同颜色的笔来标记不同的内容。用红色标记重点，用黑色表示疑问，可以根据自己的习惯和记忆特点来定。

（3）做批注笔记，即将某部分的要点、疑问补充记在书的空白处，如对数学定义、定律、公式的理解，对某些题目解法的概括等。做批注笔记要参照老师的板书或讲解来做，要有选择地、简明扼要地书写清楚。

第5节　积极回答老师的问题

老师提出问题，学生举手回答，是课堂上的重要互动形式。这样的形式，一方面可以调动孩子的积极性，活跃课堂气氛，提高孩子的听课效率，让孩子由被动听课变为主动听课；另一方面，在课堂上发言能锻炼孩子的语言表达能力和思维反应速度，提升孩子的自信心。

家长要鼓励孩子在课堂上积极发言

1. 积极思考，让大脑活跃起来

课上，孩子如何思考并回答老师提出的问题呢？

（1）根据老师刚讲过的知识点思考。在课上，当老师讲解完一个知识点立即提出问题时，孩子可以快速回忆老师刚刚讲过的知识，与老师提出的问题相联系，进行思考。

（2）根据老师所讲的重要知识点思考。老师在课堂上讲的重要知识点，一般在下课前或课中会结合题目再次提问，让学

生回答，以达到帮助学生加深记忆、引起学生重视的目的。当老师着重强调重点题目时，孩子可以联系本节课的重要知识点进行思考。

2. 与老师形成良好互动

孩子积极回答老师在课上提出的问题，老师能够了解孩子对知识的掌握情况。老师善于通过学生的肢体语言、表情语言、眼神等洞察学生的心理，并据此做出合理的调整、补充。比如，老师看到学生摇头或者表现出疑惑不解的样子，就知道学生有不清楚或没弄懂的地方，于是重新再讲一遍；再比如，当学生露出微笑、不停地点头时，老师就知道学生听懂了、理解了，于是继续讲解接下来的内容。当孩子能和老师形成良好的互动时，说明孩子的听课效果很好。

如何帮助不积极回答问题的孩子

有的孩子回答问题不积极，通常情况下，孩子不喜欢回答问题的原因有以下几种。

（1）害怕答错。有的孩子自信心不足，害怕回答错了被同学笑话或被老师批评。针对这种情况，家长可以告诉孩子放心大胆地回答，上课回答问题是爱学习的表现，即便答错了也没关系，没有人会嘲笑他，老师更不会批评他。另外，答错了能加深自己对这个知识点的印象，避免再次犯同样的错误。

（2）认为问题太简单了不屑于回答。对于这种情况，家长要鼓励孩子积极回答，课堂上回答问题的机会有限，要抓住宝贵的机会让同学们更了解自己。

（3）认为自己回答得不好。家长要引导孩子这样想，在课堂上发言对个人大有裨益，站起来发言时，才能知道自己想的答案能否得到大家的认同、赞许，这样才能知道哪些回答是完善的，哪些回答还欠缺思考，这样孩子思考问题会变得更全面。

（4）胆小、内向。孩子性格内向，不爱当众讲话，对于这种情况，家长平时要多鼓励孩子，提升孩子的自信心；也要创造一些讲话的机会，比如在家里，爸爸妈妈当观众，孩子模拟在讲台上发言。孩子获得几次成功的体验后，慢慢地自信心就提高了，也就有勇气在课堂上发言了。

（5）回答问题时脸红心跳。孩子一说话就紧张、脸红心跳，对于这种情况，家长可以鼓励孩子多在公共场合发言，可以先把发言内容写在纸上，保持站姿挺拔，声音洪亮，落落大方地发言。

（6）听不懂。孩子听不懂老师所讲的内容，当然没有兴趣继续听下去。这种情况比较严重，家长一定要帮孩子及时找到听不懂的原因，对症下药，加快赶上进度，避免耽误学习进程。

第6节 抓住提高课堂效率的关键时间段

在听课的过程中，要善于抓住课堂的关键时段。这样不仅能让听课效果非常好，而且也会让听课过程变得轻松。可以让孩子抓住课堂前几分钟、新的环节开始时、课堂结束时和课后复习这四个关键时间段，提高孩子的课堂效率。

1. 课堂前几分钟

我们先来看看下面这位程老师在课堂前几分钟是怎么引导学生积极听课的。

程老师："同学们上课了！今天我们这节课要讲的内容很简单，分别是一……二……三……这节课会非常有趣，非常轻松，讲完课后我们利用5分钟时间做个小游戏，好不好？"

学生们都竖起耳朵，瞪大眼睛，将全部注意力集中到听老师说话上来，同时也对这个课后小游戏充满期待。于是，一节课40分钟的时间很快就过去了，学生们的听课效果很好。

程老师很好地运用了心理暗示和孩子们的好奇心理，让孩子从内心对课堂充满了期待。除此之外，课堂前几分钟的时间还有如下重要性。

　　（1）老师会在课堂前几分钟将要讲的内容做一个总的概述，会简单介绍一下这节课所覆盖的知识领域、包含的知识模块等，所以抓住这个时间段能够让孩子对课程有一个整体把握，做好心理准备。

　　（2）在开始上课的时候，老师会做一个"温故而知新"的引导，从旧知识中引出新知识，所以要让孩子认真听，从复习学过的知识联系到理解现在要学的知识。

　　（3）如果这节课有难度，老师会在课堂开始时串联这节课要讲的所有知识点，所以一堂课开始后的前几分钟非常重要。同时也能在心理上给孩子暗示：要集中全部精力去听，争取不落下任何一个重点、难点。

2. 课堂上每个环节开始的时间段

　　一节课通常会讲到好几个环节的内容，而这些环节之间会以标题、小节等形式区分。老师在开始讲一个小标题、小栏目、小节的时候，会适当做一些铺垫，这些铺垫能起到承上启下的作用。

　　很多孩子有可能没有听懂或听全上一个小节的内容，这个时候是赶上进度的最好时机，总结复述上个环节的内容，开启下个环节，从新的环节开始更专注地听，不至于落下更多的内容。课后也能有针对性地补充学习。

3. 下课前几分钟

下课前的几分钟，老师会带着大家一起回忆整节课的内容，这时要让孩子集中注意力听，和老师互动总结。这个时间段非常重要，老师会对所讲的内容从头到尾地进行梳理，对重点、难点、关键点进行归纳小结，以加深孩子对重点、难点的把握。孩子要跟着老师用心理解和记忆，做到当堂课当堂接受，如果没有全部接受也要在课后及时查漏补缺。

4. 阶段和期末复盘学习的时间

通常老师上了一个阶段的课程后要进行复习，老师上复习课的时候会将讲过的内容全盘复习一遍，让这些知识在孩子的脑海中重新过一遍，形成完整的印象。做复盘复习的时候，孩子可以根据老师在上课时总结的顺序和重点、难点、关键点进行回顾，然后通过做习题验证。另外，在老师讲解综合题目的时候，孩子也要注意听解题思路、解题过程和解题方法，可以反复做几遍，或者多做几道类似的题目。

Part 4

课后及时复习，
巩固孩子的课堂知识

第1节 遗忘有规律，复习要及时

孩子："我上课的时候明明都学会了，可是没过几天就忘得差不多了。这是为什么呢？"

妈妈："遗忘是人的本能。我们的大脑不断地接收新知识，同时也在不断地遗忘。"

孩子："那怎么办呢？"

妈妈："这就需要及时复习啊！复习能让我们记得更扎实，学得更有效。"

　　这位妈妈说得没错，人会遗忘是正常现象。早在1885年，德国心理学家艾宾浩斯就通过实验发现，遗忘在学习之后立即开始，原本记住的内容一小时后只能保持44%，一天后只能记住33%，两天后剩下的只有28%了。他还总结了遗忘的规律，遗忘是不均衡的，在记忆的最初阶段遗忘很快，以后逐渐变得缓慢，到了一定时间，几乎就不再遗忘了。

　　课堂上学会的知识，如果不复习，很快就会被一点点遗忘。

这就需要我们及时复习，将所学的知识牢牢记在脑海里。

复习是学习的重要环节

有些孩子因为不重视复习，也没有养成复习的习惯，所以知识学得不扎实，到考试的时候发现有些题目看着有一些印象，却怎么也答不出来。复习能够解决这些问题。孩子在复习的时候会将课堂上所学的知识进行梳理，相当于又学了一遍，将课堂知识重新在大脑中刻画了一遍，并且复习时会产生新的感知，获得更为深刻的认识。所以复习是学习过程中不可缺少的环节，一定要让孩子及时、认真复习。

及时复习有哪些好处

课后及时复习是课堂学习的延伸，可以加深理解、巩固记忆，温故而知新，是提升学习成绩的重要环节。

（1）加深理解。课堂上40分钟的时间内，孩子会面对很多新知识，短时间内既要认知又要理解记忆，一下全盘接受有点儿困难，所以需要经过复习、深入研究，才能加深理解认知，把知识学深、学透。

（2）巩固记忆。孩子在课堂上学的知识，只靠听一遍就想全部记住是不现实的，需要有一个课后复习巩固的过程，加深对新知识的记忆。

（3）温故知新。我们知道，新知识是在旧知识的基础上建立起来的，要依靠复习来巩固新、旧知识，才能常学常新。

如何快速有效地复习

课后如何抓住时间进行快速有效的复习呢？可以尝试下面的方法。

（1）结合笔记复习。课后复习最好能结合课堂上做的笔记，一边回顾老师讲的内容，一边将知识从头到尾梳理一遍。若有记不起来、理解不全面的地方，就重点进行梳理、补充，特别是容易搞混、较难的知识点，可以记在小纸条上、小卡片上，在学习之余反复去看，强化记忆。

（2）用复述的形式。让孩子将老师在课堂上讲过的内容复述一遍，可以促进孩子对这些内容的理解，并且将其条理化。复述的时候，孩子还需要对知识进行概括、总结，这样可以培养孩子的总结能力。

第2节　做好课后第一次复习

课后第一次复习是复习功课的关键环节，因为第一次复习距离接收所学知识的时间最近、印象最深，因此家长要让孩子重点把握第一次复习。

小丁听完了今天老师讲的课，课上他听得很认真，每个知识点都听懂了。课后也没有再翻开课本看，等到放学了，他想到反正今天学的也不难，就开开心心地去玩儿了，接连几天他都没有复习功课，当再次打开课本的时候，小丁感觉像失去了一部分记忆一样，无论他再怎么努力回忆，当时课上老师讲的内容也只剩下残存的一点儿记忆而已。

所以，要让孩子知道，与其等到忘得差不多了再做复习，不如趁热打铁，趁着记忆犹新的时候抓紧复习，这样不但能达到很好的复习效果，而且有利于第二天的听课。

在复习的时候，复习方法很重要，关系到所占用的时长和复习效果。我们总结了以下方法。

1. 边整理笔记边复习

要做到高效率复习，可以一边整理笔记一边复习。在整理笔记的时候，补上课堂上该记而没记的内容，修正课堂上记录不太准确、理解不够深入的内容。补充完笔记再从头到尾看一遍，把握整节课的知识框架。对于已经掌握的知识可以用很少的时间略过，对于没有掌握的知识要花时间仔细复习。

2. 看课本、做典型习题

课本是老师讲课、学生听讲的重要依据。孩子在看课本复习的时候，家长可以让其把重要的概念、定理、重点段落、概括课文内容的简练语言反复读几遍，也可以用笔勾画出来，以便以后复习的时候能够很快地抓住重点内容。

另外，还可以让孩子多做几道典型例题，掌握解题思路和方法，也可以从中重点勾画出一道题目，方便在期末的时候回顾学习。

3. 用回忆法复习

孩子："妈妈，老师讲的大部分知识都在课本上，我复习的时候结合笔记看看书，这样简单又快，可以吗？"

妈妈："这是复习的第一步，等复习完后，最好能合上课本和笔记本，把老师所讲的内容默默回忆一遍。"

孩子："已经复习完了，为什么还要回忆一遍？"

妈妈："回忆一遍有助于加深记忆，能帮助理解，还能锻炼思维能力哦。"

孩子："好吧，那我用回忆法复习。"

　　合上课本和笔记本，把复习的内容从头到尾在脑海中回忆一遍，回忆完后打开课本或笔记本，把回忆的内容和课本上的内容对照一下，看看有哪些落下的，把这些记忆相对薄弱的地方再看一下，加深印象。

　　晚上睡觉前，利用几分钟时间将当天所学的知识和课后所复习的内容在脑海中过一遍，注意要用很少的时间去回忆，不要占用太多的时间，以免影响睡眠。

第3节　优秀生常用的复习技巧

　　有的孩子在复习的时候经常用到的方法就是重复、重复，再重复。单调、机械地重复很容易引起疲劳和厌烦情绪，导致学习效率降低。复习时应在原材料的基础上增添新的信息，即使是复习同样的内容也要变换不同的方式，从不同的角度进行复习。比如，可以通过笔记进行复习，也可以通过做练习题、测试题的方式进行复习，还可以通过和同学们讨论的方式进行复习。多种复习方式相结合，能够提高孩子复习的兴趣和积极性。

　　许多优秀的孩子在复习的时候常会用到以下复习技巧。

1. 集中与分散相结合

　　（1）对于大量的复习内容，复习时间不要太集中，要把难点适当分散。比如，下面案例就提到了这个复习方法。

　　孩子："妈妈，要期末考试了，好多内容都要复习，这可咋办呢？"

　　妈妈："别着急，在一天之内要复习这么多内容肯定吃力，可以把它们分开复习，在剩下的时间里每天复习一点儿，留下最后的几天再集中复习，这样效果会好一点儿。"

（2）复习内容较少、比较系统的功课时，采用集中复习的方法能够相对系统化地记忆，有助于获得更好的复习效果。

2. 不同学科交替进行

复习时可以采用单科集中式复习，也可以采用不同学科交替进行的方式。

（1）进行单科的复习时，学习的时间不宜太长，因为时间太长容易使大脑疲劳，记忆力降低。

（2）采用不同学科交替进行复习的方式时，一定要做到对每科的有效复习。比如，复习了一段时间的语文科目，做一做数学练习题作为调剂；复习了英语科目之后，做一做语文练习题作为调剂；等等。让每一科得到充分、有序的复习。

3. 阅读与回忆相结合

在复习时，可以采用一边阅读（或复述）一边回忆的方式，阅读完一部分内容，合上书本回忆一遍，然后再复述一遍，最后翻书本进行核对，看是否掌握了要记忆的知识。在复习时采用边阅读边回忆的方式，可以节省复习时间。

4. 点面结合

复习时，要对重点、难点、易错点多下功夫。在知识覆盖面上要分清主次，不要眉毛胡子一把抓。点面结合的方法可以让孩子在同样的时间里取得较好的学习效果。

最后，需要注意的是要让孩子根据自己的实际情况，结合以上几点建议，找到适合自己的复习方法，这样在复习的时候能取得更好的效果。

第4节　复习时要解决未掌握的知识

　　在复习时，一个重要的任务就是重点解决未掌握的知识。孩子在学习的过程中会遇到自己不懂的、掌握不牢固的知识点，在复习的时候就要抓住重点、难点、易错点，把这些知识点多复习几遍，这样可以避免浪费时间和精力。因为很多知识复习一遍就能掌握了，不需要再占用宝贵的时间；而有些较难的问题，需要看几遍才能真正掌握。

　　我们总结了以下几个方法，可以帮助孩子在复习时学习未掌握和掌握不牢固的知识。

1. 重点看不会的知识

　　在复习的时候，要重点看没有学扎实的部分，可以看笔记、看课本、看做过的练习题，也可以在复习的基础上多做几道典型例题。

　　复习的时候，要做到一边复习一边思考，总结一下为什么这部分知识没学扎实，为什么会出现问题，以后要怎么改进。在复习的时候做好这些功课，能够为下一步的学习总结经验，打牢基础。

2. 翻看错题本

在平时学习的时候，可以把学习过程中出现的错误积累在一个错题本上。等复习的时候，可以翻翻错题本。这时孩子可能会有两种感受：一是这么简单的题，当时为什么会出错？是因为粗心，还是因为基础知识没学好？二是有的题目仍然存在疑问，那就马上去订正这些题目，及时把问题解决掉并记住。

错题本还能帮助孩子在学习的过程中及时发现问题，有的题目看似都会了，一些定律、公式好像都背熟了，可是一到运用起来，就可能写不准确。如果定期对错题进行复查，就能有效防止犯同类错误。

集中时间翻看错题本，把平时暴露出的问题集中解决，能够有效攻克学习中的薄弱点。

3. 翻看测试卷

试卷上的题目一般都有偏易、中等、偏难三种等级。每次考完试后，可以把试卷上偏难的题目列到笔记本或习题本上，复习的时候多温习几遍。另外，在考试的过程中出现马虎、思考不全面的题目，也要重点标记，比如画星号标注，也可以做几个字的备注，下次遇到同类问题时能够提高警惕，防止犯低级错误。

总之，复习的时候要善于抓住重点，对于未解决的知识有针对性地进行复习，复习的时候扫清知识中的障碍，考试的时候才不会在薄弱环节摔跟头。

第5节　不同的科目用不同的复习方法

在复习不同的科目时，要想获得理想的复习效果，就要根据不同科目的特点来进行复习。

每个学科都有其特点，学科中的知识模块也有其特点，有的知识模块以记忆为主，有的知识模块以思考为主，有的知识模块介于思考和记忆之间，这就需要孩子针对不同的要求灵活复习。

复习常用的方法

在复习时常用的方法有阅读、背诵，做各种类型的习题，以及动手写、动脑归纳总结等。无论是复习语文、数学，还是复习英语，如果是需要记忆背诵的内容，孩子可以结合自身的特点对这部分内容进行复习。如果孩子偏好视觉记忆，复习时就以默读为主；如果孩子偏好朗读记忆，复习时就以大声朗读为主；如果是以思考为主的知识点，可以多做、反复做练习题、测试题，并认真检验答题情况；如果是思考和记忆相结合的知识点，就通过写一写、总结归纳等方式进行复习。

如何复习语文

复习语文时可以有重点地将其分为两个部分：一是基础知识的掌握，二是创造性地发挥。下面我们来分别说明。

（1）基础知识的掌握。语文中的基础知识要靠平时的学习去积累，如果平时掌握得不好，复习的时候要重点去看去记。

（2）创造性地发挥。在阅读短文的时候，用故事引导的方式，把文中的重点句、中心句等画出来，这样便于审题时一目了然。阅读时也可以给段落分一分层次，学会归纳层意，这样也便于答题。

（3）发挥工具书的作用。复习的时候遇到生字、生词可以借助查字典、查词典的方式学习，也可以查阅复习资料，从而提高使用工具书的能力。对查阅到的知识进行分析辨别，这样可以提高理解能力。

如何复习数学

复习数学时，可以按以下方法进行。

（1）掌握基础公式、定理。想要学好数学，就要熟练掌握基本概念、公式和定理。在学习的过程中，可以把数学课本上每个单元新提出的概念、公式和定理写在笔记本上，方便复习或做题的时候能一眼看到，考试前也可以重点复习这部分内容。

（2）例题反复做。课本上的例题，都是运用概念、定理、公式的示例，复习的时候可以重点反复做一做这些例题，也可以举一反三地做一些类似的习题。

（3）检验答案。对于重点例题，可以让孩子先做一遍，然后及时检验答案，复盘解题步骤和演算过程，这对提高孩子的解题能力大有益处。

如何复习英语

复习英语时以听、写、记忆和朗读为主。

（1）听力练习。课上认真听老师的发音和讲解，课后跟着录音反复读，反复记忆，培养听读能力。

（2）书写规范。有的孩子常常会把常用的单词写错，或者明明脑海中有印象却提笔忘词，这就要求在平时的学习中加强书写练习，尤其是在考试前的复习时要多写几遍，避免出现提笔忘词。

（3）和同学一问一答式复习。孩子可以找同学一起练习课本上的一问一答语句，这样既能复习课本，又能提高口语表达能力。

第6节　复习要讲究周期性

　　我们已经知道，遗忘是有规律的，为了避免遗忘就要及时进行复习。可是有的孩子没有把握好复习时间，导致复习效果不佳。我们来看看下面的案例：

学生："老师，为什么我常常复习，每隔几天就复习一遍，学习成绩却没有达到预期的效果？"

老师："复习频率高不见得复习效果就好，有时候频繁复习会出现这样的问题。刚开始学的内容因为已经复习了好几遍，其实已经掌握得很好了，再反复看这些内容就是浪费时间；后学的知识往往在复习过程的中间时段，这时候精力和注意力已经不像刚开始时那么集中了，以至于后学的部分反而没有复习牢固。这样在整体复习上自然就打了折扣。"

学生听了觉得很有道理："原来是这样，那应该怎么复习呢？"

老师："复习要讲究周期性，同一个知识点在刚开始复习的时候可以频率高一点儿，可以隔几天、隔一个星期就复习，之后的复习频率可以逐渐降低。"

学生听了连连点头："我以后就这样复习。"

要想做到有效复习，就要按照科学的方法，那就是根据遗忘曲线进行复习，复习要讲究周期性，不能一点儿不复习，也不能过度复习。那么具体应该怎么把握复习的周期呢？可以按照以下几点进行。

（1）在学习完之后立即复习。下课前，跟着老师回顾一下这节课所学的内容，利用课后的2分钟时间，将老师总结过的知识在脑海中过一遍，将课本从头到尾过一遍，加深记忆。

（2）在学习完一天后复习。利用复习时间回顾学过的知识，看看留在大脑中的记忆还有多少，通过及时翻课本、翻笔记的形式，让学过的知识更加深刻。

（3）在学习完三天后复习。可以用5~10分钟的时间，回顾一下这三天学过哪些内容，这些知识之间有怎样的联系，用什么方法能够更好地把它们记住。

（4）在学习完一周后复习。学习完一周左右时，可以用简短的时间总结一下这周的学习内容，简单地复习；如果时间充裕也可以详细地复习，这时孩子会发现已经学了很多知识，而且对自己的掌握情况有很大的把握。

（5）学习完一个单元后复习。学习完一个单元后，可以通过做试卷的形式检验学习效果。答完试卷后，孩子会知道哪些知识已经掌握得很好，哪些知识略显薄弱。这时候赶紧去看课本、翻笔记，看看哪里答得不够准确，哪里存在问题，及时查漏补缺。

（6）在学习完两个月后复习。在两个月后，从第一节所学习的内容开始复习，直到复习到目前所学的内容，对所学知识做一个系统、全面的复习。

孩子根据这样的周期复习，就能牢牢记住所学的知识。切记：复习并不是越频繁越好，频繁的复习会占用更多的时间，加重孩子的负担，反而影响孩子的学习效果。孩子只有根据自己的学习情况进行复习，将时间真正有效地利用起来，才会收到好的学习效果。

Part *5*

高效完成作业，
让孩子的学习生活超轻松

第1节　改变孩子完成任务的心态

我们先来看下面这个案例。

> **妈妈**："都几点了？快去写作业！"
>
> 孩子磨蹭了好半天才开始写作业。
>
> 过了一会儿，妈妈来看孩子做作业的情况，只见孩子在本子的空白处画画，练习本上却没写几个字。
>
> **妈妈**："为什么不写作业了呢？"
>
> 孩子："写作业太累了，画画多好玩儿。"
>
> **妈妈**："你想想看，爸爸妈妈上班也要认真工作，也会觉得累，那就能不工作了吗？你觉得写作业累，那就不写了吗？"
>
> 孩子又开始慢吞吞地写作业……

显然，案例中的孩子觉得写作业累，其实就是对写作业没兴趣，把做作业当成了任务。这样的心态对学习是很不利的。

那么，家长要怎么帮助孩子呢？

1. 帮孩子端正写作业的态度

家长要告诉孩子做作业是为自己做，不是为爸爸妈妈或其他人。家长要让孩子知道，做作业是为了巩固在学校的学习成果，是学习不可缺少的一部分，每个孩子都要认真完成作业。家长还要提高孩子对做作业的重视程度，要让孩子明白做作业是提高学习成绩的重要手段，不能敷衍对待。

2. 培养孩子写作业的兴趣

孩子把写作业当成任务，其中一个很重要的原因就是孩子对做作业没兴趣。家长可以这样引导，让孩子在做作业之前先回顾白天在学校课堂上学到的内容，从孩子感兴趣的知识引导到做作业上来，这样孩子才能自觉主动地去做作业。

3. 培养孩子专心写作业的好习惯

孩子在做作业的时候总是一边玩一边写，做作业三心二意就会导致作业质量差，耗时长，孩子就更不喜欢写作业了。所以家长要培养孩子一心一意写作业的习惯，书桌上不要摆放与学习无关的东西，杜绝孩子边写作业边玩的坏毛病。孩子坚持高效率地完成作业，才能养成专注、认真做作业的好习惯。

4. 培养孩子对作业负责的态度

（1）认真书写。家长要要求孩子写字工整，多给孩子正向的鼓励。比如，孩子写作业认真又仔细时，家长可以说"今天写作业很用心，字写得工整又美观，值得鼓励"，"最近很有进步，写字认真，卷面整洁，继续保持"，等等。

（2）自己检查。家长要要求孩子完成作业后自己先检查一遍，看看有没有漏写、写错等情况，并及时补写、改正。

为了让孩子更好、更高质量地完成作业，家长可以让孩子在完成作业后填写如下记录表，以培养孩子对作业负责的态度。

作业	完成情况	作业存在的问题
语文	☑ 已完成	写错两个字，已改正
数学	☑ 已完成	
英语	☑ 已完成	

第2节 做作业前的准备

在孩子开始做作业之前，不妨先让孩子做个准备，这些准备包括生理准备、心理准备、物品方面的准备和知识方面的准备等。

1. 做好生理准备

（1）上厕所。做作业之前，先让孩子上完厕所再开始，以免因频繁上厕所而影响写作业的进度。

（2）喝水。开始写作业前，可以让孩子喝杯温开水，或者吃点儿零食，以免孩子在写作业的时候想吃零食或想要喝水。

2. 做好心理准备

在写作业前，让孩子在心理上给自己一定的暗示：我要开始写作业了，要保持专注，要认真完成作业，要抓紧时间。这样有助于孩子把注意力集中到做作业上，将其他事项主动安排在做完作业后，避免做作业的时候开小差。

3. 做好物品方面的准备

（1）学习用具的准备。在做作业之前把要用的文具都准备好，这样写作业时能够很快地找到学习工具，不会因此而耽误时间。相反，若没有准备好学习用具，那在用到学习用具的时候就会手忙脚乱，一会儿找橡皮，一会儿找尺子，这样不仅会分散注意力，还会浪费宝贵的时间。

（2）整理好书桌再写作业。开始写作业之前，要把书桌整理好，把暂时用不到的物品、书本收起来，把要用的书本和文具放在伸手就能拿到的地方。

4. 做好知识方面的准备

在写作业之前可以进行简短的复习，将要用到的知识回顾一遍，或者将当天所学的重点简洁地在草稿纸上写一遍。这样孩子在解题的过程中遇到一道较难解的题目时，就能够根据梳理的知识，找到解题思路，不会因为只会解出第一个步骤，不确定接下来的步骤解法，又开始做第二题，第二题没写几行又回来写第一题。这样容易打乱正确的解题节奏，来来回回看题、审题、找思路，反而耽误时间，也不利于高效完成作业。所以在写作业前做好知识方面的准备很有必要。

第3节　不陪读，让孩子独立完成作业

孩子在做家庭作业时，有的家长总是担心孩子会遇到困难而想要帮忙，所以常常花时间陪着孩子。孩子做作业用多长时间，家长就花多长时间陪孩子。时间久了，孩子只有家长陪着的时候才能好好做作业，一旦家长不在身边，孩子就不能独立完成作业。

下面两个案例分别是家长陪孩子写作业和孩子自己独立完成作业的不同情况。

案例1

妈妈："快去写作业吧！"

孩子："不，妈妈在身边才写作业，妈妈不在就不写。"

妈妈："你这孩子，写作业是你自己的事，哪能让妈妈总陪着你？"

孩子："您不在我就不会写！"

孩子："妈妈，作业中有几道题不会做，您有时间帮我看看吗？"

妈妈："好呀，我们一起看看是哪里不会。"

案例1中的孩子总是让家长陪着写作业，时间长了就对家长产生了依赖，认为做作业必须有家长帮忙，久而久之，孩子就不会自主做作业，做作业反而成了家长的任务。案例2中的孩子能够独立完成作业，不仅家长轻松，孩子也能很好地成长。所以家长不要陪读，而应让孩子学会独立完成作业。

那么，家长要怎么培养孩子独立完成作业的习惯呢？

1. 相信孩子有独立完成作业的能力

家长经常盯着孩子写作业，或者手把手教孩子写作业，其实是不信任孩子的表现。家长要相信孩子有独立完成作业的能力，相信孩子能做得很好，尊重孩子的自主能力，给孩子独立完成作业的机会。

2. 给予孩子点拨式辅导

孩子在做作业的过程中，难免会遇到不会的题目，家长可以用点拨的方式引导启发孩子的思路，鼓励孩子自己动脑筋想办法。切记：不要直接给出答案。

3.给孩子营造一个安静的写作业环境

写作业和学习都需要有一个安静的环境，孩子在安静的环境里更容易静下心来，把思想和注意力都放在写作业和学习上。反之，在嘈杂吵闹的环境中很难集中注意力。比如，家长看电视、大声说话，很容易干扰孩子，使孩子难以安静下来。所以，家长要给孩子营造一个安静的学习环境，可以为孩子准备一个单独的房间，让孩子更好地独立完成作业。

第4节　写作业的四个步骤

写作业是学习的重要环节，家长可以通过孩子的作业完成情况来检验孩子的学习效果。有的孩子做作业时很顺利，这在一定程度上说明孩子的预习、听课和复习的效果比较好；有的孩子做作业时不是很顺利，这说明孩子没有完全理解新知识。此外，写作业也是有步骤技巧的，如果孩子能够遵循正确的步骤，做作业时就能顺利很多。

因此，家长在指导孩子做作业时可以遵循以下步骤进行。

1. 做准备

做准备的阶段我们在之前的内容中已经提到过，包括做好生理、心理、物品和知识等方面的准备。在准备阶段，要让孩子集中注意力，保持良好的情绪全身心地投入到写作业的状态中。

2. 审题

孩子开始写作业了，首先要做的就是仔细看一遍题目，弄清楚题目的意思，找出要解决的问题。在审题时，可以让孩子试着找关键字、关键词，读懂题目要考查的内容和方向，思考怎样答、答什么内容才是正确的，符合要求的。快速准确地审题很重要，审对了题，后面的答题会顺利很多；审错了题，后面的答题就会白费工夫。

比如做数学题，有两个已知条件，求这两个已知条件的乘积，在解题的时候却求成了两个已知条件之和，这就是没有审查清楚题目要求导致的失误。

所以审题是十分重要的环节。审题时，孩子要注意以下几点。

（1）切忌走马观花，要反复审题。

（2）要准确理解每一个字、每一个词、每一句话，要知道一字之差就可能是两个完全不同的意思。比如，"增加了"与"增加到"就是两个完全不同的概念。

（3）审题时不要放过任何细节。细心的孩子更善于抓住题目中隐藏的关键信息，这往往是答题的关键，所以在审题时要注意把握题目中的隐藏条件，像侦探一样抽丝剥茧。

3. 解题

审完题目后，就要进入解题过程。提醒孩子这时候不要着急答题，在答题之前还有重要的一步，就是可以先在草稿纸上写一写解题思路，画一画解题构架，然后试着组织一下语言，最后再答题。

比如解一道数学题，可以把用到的公式在草稿纸上列出来，先想好第一步求什么、第二步求什么，理清思路再下笔去写。

在解答的时候还要注意解题步骤完整、书写规范。

4. 检查

做完作业后，家长要督促孩子从头到尾检查一遍。具体做法会在本章后面的"用简便法快速检查作业"一节中详细进行讲解。

第5节 按时完成作业不拖拉

做作业是巩固课堂知识的过程，是学习中不可缺少的。我们发现，能高效完成作业的孩子，第二天上课时能够更好地把新旧知识结合；没有按时完成作业的孩子，第二天上课时会出现新旧知识衔接不上的情况。所以，家长应当要求孩子当天的作业当天完成，不要允许孩子当天的事第二天做或者无限期地拖拉。要让孩子牢牢记住：一切从现在开始，一切从今天开始。

另外，有家长说孩子一做作业就开始拖延，本来用半小时就能完成的作业，拖拖拉拉用了一个半小时，费时费力。

如何解决孩子做作业拖拉的问题呢？家长可以从以下几个方面来进行。

1. 让孩子由易到难地做作业

做作业要讲求质量和效率，这就要求孩子要用适合自己的方法做作业。一般来说，做作业的时候可以先做简单的，再做较难的，因为做简单的作业所占用的时间和消耗的精力不多，可以把大部分的时间和精力放在较难的作业上。同时，先完成较简单的作业后还能获得一定的满足感和成就感，进而激发继续完成作业的动力，减少在做较难作业时产生的紧张感。

2. 限制时间，提高紧迫感

在孩子做作业之前，家长不要只是跟孩子说"去做作业吧，什么时候做完什么时候吃饭"，一定要把做作业的时间控制在合理的范围内。有了时间的限制，孩子就有了紧迫感，就不会觉得时间还很多，玩一会儿再写也没事。家长可以说"完成这部分作业需要 30 分钟，保证质量完成后的时间可以自由支配"，这样孩子的自觉性就会被充分调动起来。

孩子做作业的时候心里有个计时器，时间观念就于无形中建立起来了，这不仅对改善孩子做作业拖拉很有效，而且能逐渐改掉孩子做事拖拉、磨蹭的毛病。

3. 让孩子改掉这些坏毛病

毛病一：做作业时，懒洋洋地趴在桌子上或靠在椅子上。对此，家长要告诉孩子端端正正坐好，保持正确的坐姿和书写姿势，这样有利于孩子集中注意力，防止养成不好的习惯。

毛病二：边做作业边听歌。对此，家长要告诉孩子做作业的时候应当全神贯注，把思想和注意力集中在作业内容上，听歌容易导致注意力分散，一心二用肯定会影响作业质量。

毛病三：边做作业边说话。孩子说话的时候注意力就会被分散到别的事情上了，再回来做作业的时候又要想前一段时间做了什么，这样做会严重影响做作业的进度和效率，质量也得不到很好的保障。

　　毛病四：一写作业就不自觉地磨蹭。对此，家长可以和孩子一起分析一下，将孩子拖延的原因一一列出来，然后贴到孩子的书桌上，提醒孩子在写作业时不要因为无关的琐事浪费时间。

　　毛病五：把做作业当成完成任务。如果孩子把做作业当成完成任务，就很容易犯抄作业的错误。如果孩子的基础并不是很好，出现不但没有拖拉，反而很快就完成了作业的现象，家长要检查孩子是否出现了抄作业的行为，要及时告诉孩子抄作业的危害并督促孩子改掉这个坏毛病。

第6节 用简便法快速检查作业

生活中，孩子写完作业后很少会自己检查，要么是依赖家长帮忙检查，要么是匆匆看一遍，根本没有达到检查的效果。孩子为什么不喜欢检查作业呢？

孩子不爱检查作业的原因

1. 觉得检查作业费时间

不少孩子有这样的想法：做作业已经占用了不少时间了，如果再检查一遍，相当于要占用更多的时间。爱玩儿是孩子的天性，做完作业第一时间想到的就是赶紧去玩儿，所以作业检查常常应付了事。

2. 依赖家长或老师帮忙检查

孩子会认为，反正一会儿爸爸或妈妈要检查作业，所以自己就没有必要再检查了；第二天老师也会批阅作业，做得对不对第二天就知道了，所以也不用自己检查。

3. 为了避免发现错误而不去检查

孩子常常抱有侥幸心理，认为自己做得八九不离十，假如有错误，等爸爸妈妈或老师发现后再去改就好了。如果自己检查到错误还要改正，只要不检查，就能逃避改错和重新做一遍。

4. 不知道该检查什么

还有一部分孩子知道做完作业要检查，可是他们不知道该检查什么，怎么看自己的作业都觉得做得挺好，从头翻到尾，再从尾翻到头，看不出作业内容有何不足或错误。

家长如何教孩子检查作业

针对以上情况，家长应该如何教孩子检查作业呢？

首先，要告诉孩子检查作业很重要，作业写完了不等于写对了，只有检查后才能知道自己做的作业的情况。

其次，要告诉孩子检查什么。可以和孩子一起检查，帮助孩子掌握这个过程，以后孩子自己检查作业就知道该检查什么了。

（1）检查有没有遗漏掉的题目。从头到尾检查一遍，看有没有在做作业时因为不会、不确定而跳过的题目。

（2）检查有没有抄错题。写作业的时候难免会出现笔误，可以逐字逐行地查一下有没有漏写的字、词语、标点符号或百分号、得数，检查形近字、同音字有没有写错，等等。

（3）检查有没有看错的题目。在做题的时候，因为看错行或看错标点，误解了题目的意思，就会导致所有的解答都张冠李戴；也可能是读题时一目十行，本来需要答三个步骤，结果却写了两个步骤。

（4）检查答题内容的字词、符号、格式是否正确。同时也要看有没有按照要求解答。比如，做数学题要求写出运算过程，做题时一看题目很简单，通过口算就能得到答案，就只写了一个最后答案，这在考试的时候是要扣分的，所以检查的时候要仔细看题，看自己回答的内容是不是符合题目要求。

以上几个方面，如果发现有遗漏、错误，书写或回答有不符合标准的地方，就要及时订正，补充完整。

检查作业的方法

（1）按步骤检查作业，就是按照做题的顺序，一步一步地对解答过程进行检验。

（2）把答案代入原题中检查，就是把答案作为一个已知条件，把原题中的一个条件当作问题，重新计算。

（3）重点检查难题和易错题，以及答题的过程中出现疑问的题目。

Part *6*

了不起的记忆习惯，
孩子学得快，记得牢

第1节　先理解再记忆

　　孩子上学后，需要学习记住的内容很多，比如生字、生词、课文、公式等。需要读熟记熟的如果记不住，后面的学习则难以顺利展开。面对很多需要记忆或背诵的内容，虽然有的看似简单，但如果孩子没有理解其中的意思，背诵或记忆就会变得困难，即使记住了也不会灵活使用。所以，这就要求在背诵之前应当先理解。

　　我们来看看下面案例中两个孩子用不同记忆法记忆内容的对比情况。

案例1（理解记忆）

　　孩子："妈妈，我来背一背《三字经》：人之初，性本善。性相近，习相远。苟不教，性乃迁。教之道，贵以专。子不学，非所宜。幼不学，老何为？玉不琢，不成器。人不学，不知义。"

　　妈妈："背得很流利，那你知道这段话讲的是什么意思吗？"

孩子："人生下来的时候本性都是善良的，只是在成长的过程中因为学习环境改变了，性情也慢慢改变了。如果从小不好好教育，善良的本性就会变坏。为了让本性不变坏，就要专心一致地去教育孩子。小孩子不肯好好学习，是很不应该的。一个人倘若小时候不好好学习，到老的时候既不懂做人的道理，又无知识，能有什么用呢？玉不打磨雕刻，不会成为精美的器物；人若是不学习，就不懂得礼仪，不能成才。"

妈妈："你解释得很准确，这一段不仅背得好，学得也很好。"

案例2（死记硬背记忆）

孩子："妈妈，老师要求背《三字经》。"

妈妈："嗯，那你开始背诵吧。"

孩子："人之初，性本善。性相近，习相远。苟不教，性乃迁。教之道，贵以专。子不学……子不学……妈妈，我忘记了。"

妈妈："没关系，我们先来理解一下《三字经》讲了什么吧。"

孩子："好呀！"

可见，死记硬背不利于记忆，要想真正记住知识又不容易忘掉，还是要用理解记忆的方法，理解记忆相较死记硬背更能把知识记全面、记牢固，背诵起来也更容易。

那么，如何用理解记忆的方法背诵语文和数学方面的知识呢？

1. 背诵语文课文

理解一段课文时，首先要知道这段课文出自哪里，是全文还是节选，要全面准确地了解内容所表达的中心思想，不能断章取义，更不能凭借主观猜想或望文生义。

家长可以让孩子先试着默读一遍，在默读的过程中找到生字，然后通过查字典的方法认识这些生字，再通过翻阅参考书逐字逐句地理解内容。在理解了内容的基础上，可以通过查找资料搜集关于这段内容的历史背景、创作基础等有助于理解记忆的知识。最后进行反复朗读，并且边读边摸索句与句之间的逻辑关系，然后这些知识自然就清晰地印在孩子的脑海中了。

2. 背诵数学公式

面对由各种各样的符号、数字组成的公式，如果不理解这些符号代表什么意思，即使记住了公式也不会使用。而记忆数学公式的目的就是运用。

比如，要记住长方形面积公式 $S=a \times b$、正方形面积公式 $S=a^2$、平行四边形面积公式 $S=a \times h$，这么多符号、字母看起来很容易混淆，但在理解的基础上记忆就会变得容易很多。我

们知道 S 代表面积，这些公式的意思分别为：长方形的面积 = 长 × 宽，正方形的面积 = 边长的平方（边长 × 边长），平行四边形的面积 = 底 × 高。这样理解后再记忆，不仅轻松，还方便运用。

无论是背课文还是记数学公式，在理解的基础上再去背诵，孩子在学习的过程中会更顺利，也会更喜欢学习。

第2节　怎么快速记住知识点

在学习的过程中，有时需要孩子进行快速记忆，这对于部分孩子来说会有些困难，因为学习已经占用了很大一部分时间和精力，要快速记住知识点，不仅耗费时间和精力，还很容易忘记。这时家长就会问："怎么能让孩子快速又准确地记住知识点呢？"对此，家长可以从以下几点着手进行。

1. 找到最佳的记忆时间

一般来说，早晨和晚上睡觉之前是记忆效果比较好的时间。

经过整个晚上的睡眠，孩子的大脑已经将前一天所接收的信息进行了整理、归纳、记忆和清理，这个时候正在等待接收新的信息，所以早晨是记忆效果比较好的时候。另外，早晨是一天的初始，是白天中相对安静的时间，在安静的环境中记忆也比较轻松。

同样的道理，晚上睡觉前，白天的忙碌已经归于平静，这时候受到杂事的干扰较少，同时也就减少了遗忘，进行快速记忆的效果好。有研究表明，在入睡前大脑不再接收大量信息，但是会无意识地整理相关信息，所以这时候有助于快速记忆。

要注意的是，每个孩子的最佳记忆时间是不一样的，这要根据孩子的生活习惯而定。家长可以通过观察、记录来帮助孩子找到最佳的记忆时间。

2. 在理解的基础上快速记忆

前文已经提到了，在记忆之前要先理解，理解记忆比机械记忆更容易、更轻松。在记忆知识时，要尽可能地寻找知识之间的联系，形成自己的知识框架，通过理解把新知识融入到已经掌握的知识体系中去。理解的过程就是在深化认识、加深记忆，以达到快速记忆的目的。

3. 从感兴趣的知识开始记忆

我们都说兴趣是最好的老师，对于不感兴趣的事物，就算重复好几遍也不一定能记得很好；而对于感兴趣的事物，有时候我们不用刻意去记，就能将其深刻地印在脑海中。因为孩子对感兴趣的事物充满了好奇，好奇心能充分调动孩子的积极性，使孩子把枯燥的东西一点点弄明白，使复杂的事情变得简单。所以说，要想快速记住某一事物或知识，要先让孩子对它感兴趣。

4. 集中注意力记忆

很多时候，孩子记不住知识不是因为知识点难、多，而是因为受外界的影响和干扰太多。要想记得快、记得牢，就要用心去记，集中注意力去记。集中注意力就是要尽可能地排除外界的干扰，对接收到的信息快速进行加工整理，让知识在这个时间段内集中消化，从而达到快速记忆的目的。

除了以上快速记住知识点的有效方法外，在记忆过程中辅以听、说、读、写，在课堂上认真听、勤思考，在课后复习的时候多看、多读、多练习，这些方法都有助于快速记忆知识。

第3节　分段重复背诵课文

很多孩子在背诵课文时，常常感到头疼、力不从心，家长也总是很无奈，明明课文很好理解，可孩子为什么就是背不会呢？

我们来看下文中的妈妈是如何引导孩子背课文的。

孩子："妈妈，我总是背不会《荷叶圆圆》，背着背着就背串了。"

妈妈一看课文，通篇没超过十句话，而且课文既形象又生动，怎么背不会呢？妈妈想了一下，对孩子说："你现在已经能熟读课文了，那么你数数这篇课文总共有几个自然段？"

孩子数了数，回答："五个。"

妈妈继续引导："第一段'荷叶圆圆的，绿绿的'。第二到第五段分别说了小水珠、小蜻蜓、小青蛙、小鱼儿把荷叶当成某种和它们有关的物品。这样一段一段背是不是容易很多？"

孩子又仔细看了一遍，开始逐段逐段地背诵。

没过一会儿，孩子一边想象着一边流利地背出了全文。

案例中用的是分段式背诵课文法。用分段的方法背诵课文，可以帮助孩子快速高效地实现记忆目的。通常背诵时会采用以下几种方法。

1. 按自然段分开背诵

先熟悉课文，把要背诵的课文按照自然段标注序号，然后从头到尾一段一段地依次记忆，直到把所有的段落内容都记住，再串联每个段落把整篇课文背下来。

如果有一段内容比较多，可以把这个段落用分隔符分成几个小段，把每一个小段都背熟，再把每个小段按顺序串联起来背诵，直到把整个段落背下来后再继续背后面的段落。

2. 按自己的理解划分背诵

先熟读课文，然后按照自己的理解，把一大篇课文分成若干部分，从头到尾一部分一部分地依次记忆，直到分别记住不同部分的内容，再串联全部内容，背熟整篇课文。在遇到较长、较难记忆的段落时，可以把较长的一段分成若干个小部分，每个部分还可以分成若干个句子，然后一句一句记忆，直到把这个段落都记住。

需要注意的是，当尝试背诵的时候，有背不出来的地方就多看几遍，有遗漏的地方就看课文补充，有记忆出错的地方就纠正，然后从头到尾背诵几遍，在背诵时重点记忆遗漏、出错和背不出的地方。

第4节　巧妙运用多种记忆法

要记忆知识内容，仅仅使用一种记忆方法是远远不够的，家长要教给孩子多种实用的记忆方法，让孩子在实际应用中找到适合自己的方法，学会巧妙地运用多种方法去记忆不同的材料。

实用方便的记忆方法有很多，下面我们一一进行简单说明。

1. 回忆法

先从头到尾阅读3~5遍，再默读背诵，然后把所要记住的资料放在一边，尝试回忆要记住的内容，接着再回过头来看一遍没有记熟的地方，这样反复几次，基本就能记住全部内容。

2. 比较记忆法

我们知道，知识之间是互相联系的，当看到新知识时想到与之相似的知识，找到它们的不同点、相同点和联系点，记忆就变得简单了。一般可作如下比较来帮助记忆。

（1）对立比较。把相互对立的事物放在一起，形成鲜明的对比，容易在大脑中留下清晰的印象。

（2）类似比较。很多事物从表面上看有很大差异，但实质是相同或类似的，记忆的时候可以找出相似的内容进行比较，记起来就容易多了。

（3）横向比较。可以按照同时代、同品种、同类性质将事物进行对比记忆，比如：与作者的其他诗词进行比较，或是和同时代的其他作者的诗词进行比较。

（4）纵向比较。是指新旧知识之间的比较，在学习新知识时，找到与旧知识的相同之处、不同之处，新旧知识的内涵和外延等，有助于理解和记忆。

3. 浓缩记忆法

顾名思义，浓缩记忆法就是把较多的文字缩减一部分，留下较少的文字便于记忆，然后再根据较少的文字还原出原文。

（1）段落浓缩。比如，在背诵《四季》一文时，把每一段浓缩为两个字，分别是"春草""夏荷""秋麦""冬雪"，就很容易记住了。

四季

草芽尖尖，他对小鸟说："我是春天。"

荷叶圆圆，他对青蛙说："我是夏天。"

谷穗弯弯，他鞠着躬说："我是秋天。"

雪人大肚子一挺，他顽皮地说："我就是冬天。"

（2）浓缩字头。比如，背诵古诗《绝句》，可以浓缩为"两窗一门"，这样一想到这四个字就能立刻回忆起古诗的内容。

绝句

两个黄鹂鸣翠柳，一行白鹭上青天。

窗含西岭千秋雪，门泊东吴万里船。

（3）编口诀。编口诀是以整齐押韵的句式概括记忆。比如，记忆中国朝代顺序，把各大朝代浓缩编成口诀："尧舜禹夏商周，春秋战国乱悠悠。秦汉三国晋统一，南朝北朝是对头。隋唐五代又十国，宋元明清帝王休。"短短几句便将中国几千年的朝代名称记住了。

4. 交替记忆法

在记忆某个科目感到疲乏时，可以交替记忆其他的科目，从而使大脑重新恢复活力。这样既能保证高效利用时间，又能兼顾各科。

以上提到的记忆方法适合孩子学习、背诵时使用。还有很多记忆方法，如图像记忆法、链式记忆法、定位记忆法、数字记忆法、转换记忆法等，相对来说都需要一定的认知基础和较好的逻辑能力才能进行。

要找到适合孩子的方法，需要他亲身实践，也需要根据记忆材料的不同而灵活变换记忆方法。相信孩子只要用心去记，总能记得好、记得牢。

第5节 制作帮助记忆的小卡片、小纸条

为了能随时随地巩固基础知识，记忆较难掌握的概念、知识，可以让孩子借助小卡片、小纸条来帮助记忆。具体做法就是把知识点、公式、概念、定理等写在小卡片或小纸条上，通过反复地看，多次地记，牢牢掌握所学的知识。

具体的制作方法如下：

1.卡片或纸条上写什么内容

（1）基本概念。孩子学完了一个章节的知识，对基本概念、基本公式、基本定理、基本数量关系等的记忆非常重要，只有记得牢靠，学习时才能灵活运用。想让孩子随时能看、能背这些知识，又不与其他知识混淆，可以让孩子把这些知识写在卡片上，经常复习，这样孩子就能很好地记住这些基本知识啦。

（2）容易混淆的知识。对于那些较难理解，又难背的知识内容，可以把它们写在小纸条上，通过平时反复地看，理解记忆，达到认准、认清、不混淆的目的，也防止遗忘和混淆重要知识。

2.卡片或纸条的制作

为了节约时间，提高学习效率，制作卡片的过程越简单越好，可以直接使用文具店出售的可在上面写字的卡片。

在书写内容时，文字以简洁、精练为主。

比如，孩子要背英文单词，就在卡片正面写单词，背面写上单词的中文词义；要背短语或句子，就在卡片正面写上短语、句子，在背面写上该短语或句子的释义。这样就能很便捷地背单词了。

再比如，孩子要背古诗，在纸条正面摘抄古诗，并在需要解释的字词下面做标注；在纸条的背面逐一对标注的字词做解释。这样就能方便背诵和理解，牢牢记住古诗的全文和所表达的意思。

3.卡片的使用

（1）在卡片或纸条两面都写好了知识，孩子可以通过翻看正面和背面，实现快速接收信息、消化信息和存储信息。

（2）孩子可以任意抽取一张制作好的卡片进行自我检验。比如，通过看正面回忆背面的内容，通过看开头的字词想到相关内容。这种自我检验也是学习记忆方法的一种。

（3）家长也可以任意抽取一张卡片来考孩子，让孩子通过回答或背诵的方式来强化记忆，同时也能让家长了解孩子的学习情况。

（4）孩子可以用和同学互相抽卡片背诵的方式来检验学习

效果。比如，几个孩子一起学习，可以把卡片放在桌子上，每人一次拿一张，可以通过选择队友来回答，也可以两两互问互答。

4.卡片的保存方法

按照知识内容把卡片进行分类，不用的时候把它们按照顺序收纳起来，每隔一段时间拿出来复习，也可以在闲暇时间拿出来翻看。

Part 7

自主学习习惯，
让孩子全面学好语数英

第1节　怎样把语文学好学优

　　语文是基础学科。学好语文对孩子来说非常重要。语文考查的是孩子对基础知识的掌握程度，以及阅读理解能力和写作能力，只要孩子重点掌握好这几个方面，学好语文一点儿也不难。

1. 学课文

　　语文课上，老师会给学生讲课文，孩子在学课文的过程中，可以从以下几个方面把握。

　　（1）朗读课文。语文课本上会在课文后面标注"要求朗读"，这说明朗读课文很重要。在朗读课文时要有节奏、有停顿、区分轻重音、注意语调、有感情地朗读，这才是正确的朗读方式。只有正确朗读课文，才能很好地理解课文。

　　（2）给课文分段。在朗读课文后，老师会要求学生给课文划分段落。在划分段落之前，首先要了解课文的大体意思和记叙顺序，分析自然段与自然段之间的联系，把具有完整意义的一个自然段或几个自然段划为一个段落。划分段落的方法比较灵活，可以按照事情发展的顺序分段，按时间推移分段，也可以按不同的地点方位分段。给课文分段，是为了更好地理解课文，总结段意。

（3）归纳段意。①段落中的总起句、小结句、中心句，往往是这一段记叙、描写或议论的中心，因此可以把这些关键的句子作为段意。②有些课文中会出现一个长句来概括说明这段的段意，可以把这个长句压缩为一个短句总结段意。③有的段落会分成好几层，每一层都有层意，那么把每一层的层意串联起来就是这段的段意。④记叙文的段意可以以时间、地点、人物、起因、经过、结果六要素作为依据进行概括。⑤课文中段与段之间的过渡句有承上启下的作用，可以概括上下两段的段意。

2. 字词训练

（1）识字写字。孩子学课文时，会遇到生字和生词，这时候就要识字认字，然后写字、组词、造句。要让孩子把课文要求掌握的字词学会，学扎实。

（2）词语积累。积累丰富的词语，理解词语的意思，对写作文和语言表达有很好的帮助。

（3）消灭错别字。孩子在写字、写词的时候，常常会写出错别字，家长遇到这样的情况要让孩子及时纠正，可以多写几次，进行对比，牢牢记住不要再错。

（4）谚语和歇后语。在学习或生活中，让孩子把学到的谚语、歇后语、名人名言摘抄在一个本子上，巧学巧用，能够丰富语言表达。

3. 造句训练

造句是掌握词语最常用的方法之一。造句的方法有很多，例如：

（1）在理解词义的基础上造句。如用"瞻仰"造句，"瞻仰"的意思是怀着敬意抬头向上看，可以造句："我站在广场上瞻仰革命烈士纪念碑。"可以用理解词义的方法让孩子尝试用其他词语造句。

（2）用形容词造句。如用"川流不息"造句："马路上的车辆来来往往，川流不息。"可以让孩子多积累形容词，用这些形容词造句。

（3）用反义词造句。如用"进""退"造句："学习如逆水行舟，不进则退。"可以让孩子将课文中学到的反义词记录下来，用这些反义词尝试造句。

（4）用比拟词造句。如用"仿佛"造句："夜深了，整个小村庄仿佛沉浸在甜美的梦里。"同样，让孩子在学习的过程中积累比拟词，用这些比拟词造句。

4. 阅读理解

阅读理解考查孩子的阅读和理解能力，做阅读理解时一般要注意以下两点。

（1）阅读内容。无论阅读的内容是一篇小短文，还是一首儿歌，都可以先粗读一遍，了解短文或儿歌表述的意思，再细读、精读，清楚每段每个细节。

（2）根据要求作答。短文后通常有三到五个题目，一定要读清楚题目的要求，根据问题到短文中寻找答案，按要求作答。

5.背诵古诗词

要学习一首古诗词，可以从了解创作背景、查阅作者的资料等方面着手，最重要的是弄懂诗词的含义。要记住一首诗词，可以采用如下方法。

（1）记开头字的方法。比如，记忆唐代诗人贾岛的《寻隐者不遇》，可以把每句开头的字记住，即"松、言、只、云"。

（2）形象再现的方法。比如，记忆唐代诗人杜甫的《绝句》，可以进行这样的想象：画面一，两只黄鹂在翠柳间一边欢腾跳跃一边鸣叫；画面二，蔚蓝的天空中一行白鹭直穿云霄；画面三，临窗远眺，可以看见西岭上千年不化的积雪；画面四，推门看到门前停泊着将要驶向万里之外的东吴的船。最后把四个画面连接起来，全诗的诗意和意境就都能记住了。

如果孩子语文学得不好，家长可以和孩子思考一下问题出在哪里，及时改善。孩子掌握了以上方法，就不用担心学不好语文了。

第2节 写作文的技巧

写作文是考查孩子平时的阅读积累和文学素养的方式。有家长说，孩子成绩还行，可是在写作文上总是差点儿意思。怎么帮助孩子修炼优秀的文字功底呢？我们结合很多优秀的作文总结了以下方法，希望能对想提高写作水平的孩子有所启发和帮助。

1. 开头怎么写

俗话说"万事开头难"，很多孩子发愁写作文，其实是发愁开头，不知道该如何下笔。作文开头常见的方式有以下几种。

（1）点题式。即开门见山，不拐弯抹角，开篇就点明文章的主题。

（2）交代式。在开篇交代清楚事情的时间、地点、人物。

（3）描写式。通过描写人物、动物、建筑物等的外形，或描写周围环境，给人以鲜明的印象。

（4）设问式。开头提出问题，引起读者注意，激发读者思考。

（5）引用式。引用名言警句，点明中心；引用人物的话语，突出人物性格；引用诗歌，唤起共鸣；引用俗语，说明事理；等等。

（6）抒情式。开头直抒胸臆，以情感人。

（7）联想式。由近物想到远物，由现在的事想到过去的事，来烘托要写的事物。

（8）倒叙式。从事情的结果写起，回过头来叙述事情的原因和经过，引人入胜。

另外，写开头时要注意以下几点。

（1）每一句话要和全文的主要内容、中心思想紧密相连。

（2）语句要尽量精练，表达要清楚、准确、真实。

（3）不要把开头写得很多、很满，到后面没有内容可写。

（4）不要追求花哨，堆砌过多的优美词语。

（5）不要套用千篇一律的固定格式。

2. 怎么写记人作文

描写人物，可以侧重于写人物的外貌、特征，写他在做什么，或者有哪些感人事迹；也可以侧重写人物的内心活动，比如在面对一件事情时，在与别人交往时，在特定的环境下所产生的喜、怒、哀、乐等情绪；也可以交错描写人物的外部表现和心理活动。

写记人作文时要注意以下几点。

（1）可以有侧重点地交代人物的年龄、外貌、职业、性格及与写作者的关系。

（2）写出这个人与他人的不同之处，才能给读者留下深刻印象。

（3）通过事件来表现人物，注意所选取的事件要充分表现人物的性格和品质。

（4）要抓住人物的细微动作、细微表情来进行具体而生动的描写，这样才能把人物刻画得栩栩如生。

3.怎么写记事作文

在日常生活中，孩子有很多亲身经历，如何把这些普通的小事作为材料写进作文里呢？在写记事作文的时候要注意什么呢？

（1）选材要具有代表性，能引发出一些道理。

（2）交代清楚时间、地点、人物，以及事情发生的起因、经过和结果。

（3）抓住重点，围绕中心去写，不要追求面面俱到。

（4）把事情写详细、具体，才能给人留下深刻的印象。

（5）把事情发生的环境描写清楚，以渲染气氛，使文章生动。

（6）写事情离不开人，把人物的语言、动作、神态和心理活动写出来，使文章更出彩。

4.怎么写看图作文

看图作文是让孩子通过观察、想象，把画面意思用文字有条理、有逻辑地表述出来。看图作文一般由单幅图或多幅图组成。写看图作文时，要注意以下几个方面。

（1）先看作文要求，明确要写什么、怎么写。

（2）看图，先看是单幅图还是多幅图。如果是多幅图的组合，要有顺序地看图，一般遵循从上到下和从左到右的顺序，要看清楚图与图之间有没有表示联系的箭头、标志、序号等。

（3）仔细观察，图上画的是什么：通过观察人物的穿着、打扮，分析他的身份、年龄等；通过观察人物的动作、神态，想一想他在做什么，是怎样做的；通过观察人物的表情，想一想所表达的思想感情；通过观察环境，分析事情发生的时间、地点。

（4）想一想图画所表达的中心意思，要说明怎样的道理。

（5）按图意列出提纲，再开始写作。

5. 怎么写命题作文

命题作文是根据题目要求写一篇文章，写命题作文时不要看到题目就着急动笔，一定要先思考，可以按照如下步骤进行。

（1）认真审题。仔细弄清楚题目的要求，明确其范围和重点。

（2）选好材料。确定好范围后，根据回忆找到与这个主题相关的材料，选择与主题吻合、记忆深刻、有突出特点的材料来写，确定要表达的思想感情。

（3）列出提纲。选好材料后，要简单扼要地写一写先写什么，再写什么，最后写什么，要有顺序、有联系。

（4）确定详略。要确定好哪些内容与中心思想密切相关，要详细写；哪些内容与中心思想关系不大，可以简略写。主次分明，文章的结构才有艺术性。

无论写哪种类型的作文，都要看清楚题目要求，要想好所写作文要表达的思想，要表达出充分的情感。这些都是写好作文的关键。

第3节 怎样做数学题

数学是基础学科，学好数学不仅是取得好成绩的关键，在实际生活中也能解决很多问题。数学考查的是孩子的计算能力、判断能力、分析能力、应用能力等，题型主要有填空题、判断题、选择题、计算题和应用题这几大类。

1.填空题

（1）看题。要先看题目要求，根据题目要求作答。例如下题，在左边的方格内涂色，在右边两个算式的方框内填写数字。注意这道题方格内的涂色要和后面的两个算式一致。

涂一涂，填一填。

$\square + \square = 10$ $10 - \square = \square$

（2）观察。先找数字、图列、符号之间的联系，根据联系解答。例如下题，通过观察可知，前一组数字是按照从大到小的顺序排列的，后一组数字是偶数的从小到大的排列。

数一数，填一填。

| 9 | 8 | | 5 |

| 2 | 4 | 6 | |

（3）计算。通过口算、心算或在草稿纸上演算得出答案。例如，下题中第一个等式可这样计算：10-4=6。

在□里填上合适的数。

10-□=6   3+□=10

□-5=5   10-□=□

（4）按要求书写。填空题的形式多样，有填数字、填序号、填符号、填文字等，要根据题目要求，工整规范地书写答案。例如，下题中要求填写"＞""＜""＝"，书写要规范。

在○里填上"＞""＜"或"＝"。

4×5 ○ 24   1+1 ○ 1×1

5×2 ○ 10   6×6 ○ 37

2. 判断题

（1）分析推理。根据已学知识，通过分析推理做出判断。

（2）计算求解。根据题目的条件，通过计算过程求出正确的答案再做判断。

（3）寻找反例。从反面思考，看看是否存在与题目所说的相反情况。如果有，只要找到一个相反例子，就能判断原题的正误。

（4）假设验证。有的题目如果直接判断有困难，可以假设一个或几个具体的数，来验证结论是否成立，再做出判断。

3. 选择题

（1）先解答，再对照。做选择题时，要先自己做出答案，再把得到的答案与可供选择的几个答案进行比对，从中找出正确的。例如下题：

两个数的积与这两个数的和相比，（　　　）。

①积大　　　　②和大　　　　③无法确定

解析：可以先代入 1 和 3 进行计算，得出 $1 \times 3 = 3$，$1 + 3 = 4$，则积小于和；再代入 2 和 2 计算，得出 $2 \times 2 = 4$，$2 + 2 = 4$，则积等于和；再代入 4 和 5 计算，得出 $4 \times 5 = 20$，$4 + 5 = 9$，则积大于和。所以答案应是③。

（2）筛选排除。逐一分析每个备选答案，排除不符合的答案，这样剩下的答案就是正确的答案了。例如下题：

把一根木头锯成 6 段，每锯断一次需要 5 分钟。锯完这根木头需要（　　　）分钟。

① 6　　　　② 30　　　　③ 25

解析：题中说锯断一次需要用 5 分钟，至少需要锯两次，所以先排除第一个选项 6 分钟；把一根木头锯成 6 段，肯定少于六次，所以排除第二个选项 30 分钟；那么正确的答案就是③。

（3）代入答案。就是把供选择的几个答案分别代入题目中进行检验，符合题意的就是正确答案。例如下题：

$6 \times \square < 36$，□里最大能填（　　　）。

① 5　　　　② 6　　　　③ 4

解析：首先代入数字 5，$6 \times 5 = 30$，$30 < 36$ 正确；再代入数字 6，$6 \times 6 = 36$，$36 < 36$，错误；最后代入数字 4，$6 \times 4 = 24$，

24 < 36，正确。但是题目最后问的是最大数值，所以应选择第一个选项5。

4. 计算题

（1）计算。10以内的加法和减法可以通过口算得出答案，10以上的加法和减法可以通过进十、借十来计算。10以内的乘法和除法可以用口诀计算，10以上的乘法和除法可以通过列竖式计算。

（2）验证答案。计算出答案后，要把得数反过来验证，只有等式左右两边的数值相等，答案才是正确的，否则需要重新计算。

5. 应用题

应用题有简单应用题和复合应用题两种，其中复合应用题是由几个简单应用题组成的。例如，下面这个题目：

某加工厂计划做900个零件，已经做了12天，平均每天做60个。剩下的要3天做完，请问剩下的零件平均每天做多少个？

（1）分析法。从问题出发，逐步追溯到已知条件。想求出剩下的零件平均每天做多少个，就必须知道剩下多少个（未知）和剩下的要几天做完（已知3天），要知道剩下多少个（未知）就要知道已经做了多少个（未知，但根据已知条件可以得出）和总共要做多少个（已知900个），那么可推导出 [900- (12×60)] ÷3=60（个）。

（2）综合法。从已知条件出发，逐步推出要解决的问题。题中告诉我们，已经做了 12 天，平均每天做 60 个，这就能求出 12 天已经做了 12 天 ×60 个 / 天 =720 个零件，已知总共要做 900 个零件，那么能求出剩下 900 个 −720 个 =180 个零件，又知道剩下的零件需要 3 天做完，可以得出平均每天做 180÷3=60（个）。

第4节　如何提高计算能力

孩子做计算题的时候，常常会出现两种情况：一是孩子觉得题目很简单，可是等做完了题对答案时发现错了好多，于是就找借口说"粗心了""马虎了，下次注意"；二是孩子的计算能力不强，简单的基础运算还能勉强做对，一遇到步骤多、计算烦琐的习题，就不知道该怎么下手，遇到解不出来的步骤，就开始磨磨蹭蹭，整个做题过程变得很艰难。

家长很想帮孩子，但又不能直接告诉孩子答案，所以常常感到既着急又无奈。如何提高孩子的计算能力，让孩子能够既快速又准确地做题呢？家长可以从以下几点着手进行。

1. 打好基础

做题的基础是对基本知识的掌握，这就要求孩子上课的时候认真听老师讲课，把老师所讲解的内容全都消化掉，只有掌握好了基础知识，在解题计算的时候才能方便、快速地联想到基础知识。我们来看下面的场景：

老师在课堂上先讲解了生活中速度与时间的关系，接着引用了一道应用题让同学们思考，并解答了这道题的做法，最后得出"速度 × 时间 = 路程"的公式。小明在课堂上很好地理解了这个知识点，并记住了公式。

小明解题

放学后，小明开始做作业。作业的题目是："亮亮家到学校的路程是 5 千米，亮亮从家到学校骑自行车需要 20 分钟，求亮亮骑自行车的速度是多少？"小明马上想到老师在课堂上讲的速度和时间的关系，并把记住的"速度 × 时间 = 路程"的公式代入到这道题目中去。已知路程是 5 千米和时间是 20 分钟，那么亮亮的速度就是 $5000 \div 20 = 250$（米），得出答案：亮亮骑自行车的速度是每分钟 250 米。

2. 认真审题

在做计算题的时候，审题是最重要的环节。审题的时候一定要完整读一遍题干，弄清楚题目的要求，不要答非所问，不要所答的内容不符合要求，偏离主题；要看清楚计算题中的数字、符号、小数点、括号、单位、图标等已知条件，不要着急答题，为了赶紧完成作业而潦草应付。

例如：计算 $280 \div 20 \div 2$ 与 $280 \div 20 \times 2$。尽管两道算术题只有一个符号存在差别，但是 $280 \div 20 \div 2 = 280 \div (20 \times 2) \neq 280 \div 20 \times 2$，所以在审题的时候一定要看清楚运算符号和顺序再进行计算。

3. 遇到混合运算时先分析

遇到混合运算时，要遵循化难为简的思路，先进行细致的分析，再一步一步进行解答。例如：

题目：

$(\frac{1}{2} + \frac{1}{3}) \div 5 \times 6 = ?$

正确分析：

第一步先思考运算顺序，括号外的乘法和除法是依次进行运算，括号内的加法排在第一位，这样计算顺序就排好了；再看这道题有分数，涉及分子、分母的运算，那么计算的时候就要注意数和数的加减乘除和分子、分母的变化。能想到这两步，这道题就变得不是很难解答了。

4. 专注、认真、仔细是解题的法宝

数学是使孩子思虑周密的学科。解题的时候要保持专注，所有思绪都要集中在做题上，注意力不集中的时候可用调节法做调整，实在不行就先去做别的事儿，过一会儿再来集中注意

力解题。在书写步骤的过程中一定要把数字、符号、小数点、括号等写清楚，不要潦草，因为一不小心看错、写错就会导致整个计算的错误，做了无用功。在答题的时候要十分专注，切忌马虎、粗心。

5. 从头到尾检查

答完题后并不代表事情就做完了，一定要从头到尾检查一遍，有不少情况就是题目没有难度，都会答，但是一个粗心大意，就犯了低级的错误，丢了不该丢的分。还有因为漏写小数点、括号、单位名称丢分的情况。这些在检查的过程中都是能够避免的，所以检查非常重要。当然在解题的过程中若能做好这些，也能节省检查所用的时间。另外，在检查的过程中还可能发现新的解题思路，发现第一次解题的时候存在遗漏或解答错误，从而能够第一时间改正，避免丢分。

检查的时候最常用的方法就是把答案代入到题目中，检验答案是否与题目吻合，有疑问就要及时、重点地检查，检查没问题可以通过，检查到错误立即修改。

第5节　如何培养英语口语表达能力

有些孩子在学英语时，常常学成了哑巴英语，就是只会读、会写、会做题，但一到用英语口语表达或者交流的时候，孩子的嘴巴就像被堵住了一样，刚想张嘴又闭住了，让人着急。

如何让孩子将学到的英语自如地运用到生活中呢？如何做，孩子才能开口不尴尬，自信满满地流利表达呢？

口语表达差的原因

我们先来看看下面的两个案例，弄清楚英语口语表达差是什么原因导致的。

案例1

艾敏开始学英语的时候很感兴趣，学了新的单词和句子就念给爸爸妈妈听。可是有一天，她念英语的时候遭到了同学的嘲笑，同学们指出了她说的一个单词与另一个单词的音混淆了，混淆后就变成了一个大笑话，艾敏觉得尴尬极了，之后再开口讲英语之前都会莫名地紧张，总觉得自己说的有问题，搞不好还会被笑话，也没有从前那么积极和自信了。

案例2

马克学英语的时间比较晚，爸爸妈妈的日常交流也几乎不会用到英语，马克上完英语课后只是记单词、记对话、做习题，并没有重视要去跟同学交流练习，即便是课堂上要求练的对话，也是照搬或围绕书本进行的，马克学英语慢慢就成了能听懂、会写、会做题，但是不会运用和表达。

提升口语表达能力的方法

针对以上两种情况，我们来分别说下解决方法。

1. 对于怕说错了被别人笑话

对于这种孩子，家长可以这样引导孩子：

（1）克服心理上的难题。比如，可以这样对自己说："我一定能学好。""我的目标是自信、流利地表达。""学习中难免遇到困难，这点儿困难不算什么，大不了下次遇到这样的情况一笑了之，但还是要继续努力，不能轻易放弃。"

（2）解决学习上的问题。①在上完英语课后要多练习发音，可以跟着录音练习发音；②可以模仿录音中人物的音调、语速，使说出的句子有节奏，有感情；③和同学一起练习口语表达，互相发现对方口语上的问题，共同进步。

2. 对于没有机会说英语

对于这种情况，家长和孩子就要试着创造机会。比如，让孩子在生活中多运用英语，或者参加使用英语交流的活动。

（1）参加相关活动来锻炼口语表达能力。①多参加英语学习小组，在小组中用英语交流；②多和外教老师交流；③准备英文版本的自我介绍，向别人介绍自己；④参加英语演讲赛。

（2）在生活中创造语境。①从生活中寻找对话素材，比如，就今天的天气来表达自己的心情，或者和同学、朋友就天气聊天；②从生活场景中练习表达或和朋友、家人对话，比如，看到家里的某个家具，来说一说它的功能、用途，或者与家人练习"请帮忙"的对话；③主动用英语向家人、朋友表达自己的心情、想法、意见等。

总之，提高口语表达能力的法宝就是多练习，大胆地去说，别怕说错，同时多积累词汇。很多情况下是口语能力提高了，但是想要表达某个意思时却找不到合适的单词，所以平时还要注意词汇的积累。

第6节 如何提高英语听力

孩子在学英语的过程中会出现很多关于"听"方面的状况，比如听不懂说了什么，觉得别人说得太快，不会做听力题等，这些情况说明孩子的英语听力有待提升了。

1. 听不懂说了什么

对于听不懂说了什么，一般是由以下原因造成的：孩子压根儿没学过这个词语，学过的内容没有印象了，一时间没搞正确词语之间的搭配。

对于以上原因，可采用以下方法解决。

（1）遇到没学过的单词，就要加强基础知识的学习，还要多看、多听、多练习，遇到较长、较难的句子要反复练习和运用，直到掌握。

（2）对之前学过的内容没印象了，是因为没记住，没重点记，没有练习。及时去补充学习是很好的习惯，把之前没记住的、被忽略的知识再多记几遍，多拿到生活场景中应用，就记住了。

（3）词语之间的搭配没搞懂，不知道说的或问的重点是什么，因而没有理解。这种情况要巧学，试着把有印象的词语按顺序复写下来，用书面的方式去理解，用这个方法可以在学习的阶段方便理解。再慢慢地脱离书面的方式，将分析阶段独立出来，在头脑中快速完成分析，提高听读和理解力。

2. 觉得别人说得太快

孩子觉得别人说得太快，自己的解读速度跟不上对方说话的速度，这就要加强听读能力，可采用以下几种方法。

（1）根据译文听。提前准备好一段英文的译文，一边听英文录音一边对照译文看，听一听哪些词语发音省略、连音了，积累并跟着试读。

（2）随时随地听。利用空余时间，听录音中的对话、语境、节奏、重点词语，让听英语成为一种习惯，融入到语境当中去。

（3）换不同的资料听。比如，听了一段 A 和 B 关于读书感受的对话录音，可以找到另外的版本 C 和 D 同样对话的录音，通过对比的方式感知这段话的重点在哪里。这样也能培养语感。

3. 不会做听力题

针对不会做听力题的情况，孩子需要围绕课本知识来研究和提高。通常考试的内容会围绕课本上的基础知识进行，让孩子加强对基础知识的学习，把基本功打扎实，做听力题也能更顺利。

除了以上这些在学英语过程中经常出现的典型情况，在实际交流的过程中还有很多技巧。比如，说话交流的时候看着对方的眼睛，观察对方的动作；根据对方的眼神、肢体语言来理解对方所说的内容；根据对方加强语气读出的词语来分析其所表达的意思；根据对方的表情来判断其情绪等。

Part 8

高品质阅读习惯，
拓展孩子的课外知识

第1节　给孩子选合适的书

现在文化市场繁荣发展，为广大读者提供了知识享受，可是很多家长却犯难了，该怎么给孩子选书呢？什么书比较适合处于小学阶段的孩子阅读呢？

1. 家长要了解孩子喜欢哪种类型的书

家长在生活中会发现孩子总会对一些知识很感兴趣，如蚂蚁、青蛙之类的小动物，或者天文知识，等等。与孩子喜欢的、感兴趣的知识相关的书籍、报刊、画册、绘本等，孩子都会想要拿起来看一看、读一读。选择孩子喜欢的、感兴趣的书，这是第一个原则。

根据孩子的兴趣、爱好选择相关书籍，要遵循品质优、能给孩子提供知识和精神养料的原则。可以先从同类书中挑选，挑选三到五本性价比都不错的，然后征求孩子的意见，先买一两本，等孩子看完了再买其他的。

2. 综合各类知识选购

家长给孩子选择书籍时，要综合各种类别的知识选购，以最大化地丰富孩子的知识，拓展孩子的认知边界。书籍可以分为如下两大类。

（1）课本知识相关类。孩子上课需要课本，在课本之外有很多延伸知识，在不增加负担的前提下，允许孩子以课本知识为基础，去探索和发现更多的课外知识，这样不仅有助于孩子学习基础知识，还能帮助孩子拓展课外知识，提升探索能力。

（2）知识百科类。适合孩子阅读的书籍很多，如地理、历史、生物、文学等方面的书籍。多读书，从书中获得知识和学习方法，不仅能丰富孩子的基础知识，夯实基础，还能提高孩子的思辨力、逻辑力和理解能力等。

3.选择孩子间流行的书

在信息多元化的时代，孩子有自己的主见和思想，他们之间有流行的事物。在不影响学习的情况下，让孩子多接触新生事物，可以扩大孩子的阅读范围，发展更多的可能性。

第2节　激发孩子的阅读兴趣

孩子喜欢阅读是很好的事情，家长一定要注意培养孩子的阅读习惯。通常，喜欢阅读的孩子都能从书籍中获得快乐，收获知识，得到很棒的体验。这一点能够很好地启发广大家长：想激发孩子的阅读兴趣，要让孩子从阅读中获得快乐的体验。我们总结了如下建议。

1. 让孩子从读感兴趣的书开始

孩子对自己感兴趣的事物总是愿意投入时间和精力，同样，让孩子从自己喜欢的、有浓厚兴趣的书籍开始读起，孩子自然而然地便会喜欢上阅读。

2. 早早地接触书，尽量选择纸质书

家长可以经常带孩子到书店去，看一看最近有哪些新书上市，哪些是孩子喜欢的和想要探索的，用充满文化韵味的读书环境熏陶孩子，让孩子在潜移默化中爱上书籍。另外，最初给孩子看的书籍要尽量是纸质书，因为电子书的屏幕或多或少会对孩子的视力产生不良影响。

3. 带孩子到图书馆阅读

周末或节假日的时间，家长可以带孩子一起去图书馆，那里收藏了很多的书籍，书的种类多，能极大满足孩子的阅读体验。另外，人们都在静悄悄地学习、找资料，这样的氛围也能很好地促进孩子学习的积极性。

4. 让孩子通过自主阅读获得乐趣

自主阅读就是让孩子通过自己的理解去看书，这样能够激发孩子的探索精神以及阅读热情。

5. 家长陪孩子一起读书

家长是孩子最好的老师，家长喜欢读书，肯花时间通过读书来提升自己，孩子耳濡目染，也会愿意打开书，通过书籍来获得知识和能力。

6. 读书不设限

无论是大人读书还是孩子读书，不要设置太多的条条框框，只要是健康的、有助于成长的知识内容都可以读，都可以学，知识无边界。

读书能增加孩子的知识储备，提高孩子的文学素养，让孩子获取成长所需的能量。读书是可以伴随孩子一生的事情，是让孩子受益一生的好习惯。

第3节　如何深入阅读一本书

　　读书是一个增长见识的过程，孩子如果心浮气躁地翻阅，没看几页就把书扔到一边，是学不到什么的。读书的时候需要一个平和的心态，要用心深入地读每一本书。

　　如果孩子在读书的时候不专注，该怎么帮助他们调整状态呢？我们来看看下面的案例。

　　小玉妈妈想要培养孩子的阅读习惯，就给她买了很多书，如《安徒生童话》《淘气包马小跳》《笑猫日记》《米小圈上学记》等，可是一本书小玉刚翻了几页，就放在一边了，又拿起一本书来看，打开看到满满的文字，读了两页有点儿犯困，又放下了。

　　妈妈见小玉读书的兴致不高，就把书收了起来，只留下一本《安徒生童话》。妈妈翻开书，和小玉一起读。每读完一篇故事，就让小玉讲一讲她的理解。小玉说得很棒时，妈妈会鼓励她："没错，你理解得很到位，说得也很好。"小玉在妈妈的鼓励下，越来越喜欢阅读了，还能一边阅读一边理解。

　　孩子在阅读的时候出现心浮气躁，不能深入阅读一本书的情况时，家长首先要做的事是弄清楚导致孩子不能平心静气读书的原因：孩子要阅读的书籍太多、太杂？孩子心想着去玩儿？孩子的作业还没做完？孩子对书中的内容不感兴趣？书的内容太难了，超出了孩子的认知范围？这些都是导致孩子不能专心阅读的原因。

　　找到原因后就要想办法帮孩子克服：对于书多又纷杂的情况，可以向案例中的妈妈学习，先收走一些书，留下一本来读；如果是孩子没写完作业或心里想着去玩儿，就先让孩子写作业，先去痛快地玩耍，等写完作业或玩耍回来再安排时间阅读；如果是孩子对于书中的内容不感兴趣，那就换孩子感兴趣的书来读；如果是书的内容超出了孩子的认知范围，就暂时把这些书收起来，等孩子的知识储备增长了再来读。

　　另外，孩子在读书的过程中常常会出现两种状况：一是读不懂，二是读懂了却没有理解深层的含义。当孩子遇到这两种情况的时候，家长应该怎么做呢？

1.对待读不懂的地方

读书的时候出现读不懂的地方很正常，当孩子遇到不能轻松读懂的地方时，家长可以让孩子先跳过这一节或这一段，看看后面的内容能否看懂。如果能看懂就继续读，过一会儿再翻回去看看能不能读懂；如果还是读不懂就请教家长、老师或查资料。对于实在搞不懂的地方，可以做好标记，暂时搁置，等过一段时间再读。

2.对待能读懂的地方

对于孩子可以顺利读懂的地方，可以适当地延伸知识。比如读一本科普书，书中提到的某种动物在我们生活的地域很少见，就可以让孩子通过上网查资料、看图片、看视频等方法来了解这种动物的更多属性。

深入阅读一本书，要真正地沉浸在其中，读一遍不行就读两遍，孩子会发现在不同的时间，读书的感受和感知也不一样，因为通过不断的阅读和学习，孩子在一点点地进步，其想法和感受的层次自然也会逐渐提高，这就是深入读书的好处。

第4节 做读书笔记，累积知识量

随着孩子阅读量的增加，其从书籍中获取的知识越来越多，要想让孩子把在书中看到的好词好句、精彩段落记住，还能随时运用，家长可以尝试教孩子做读书笔记。做读书笔记有多种多样的方法，如总结提纲、制作卡片、摘录、写感想和体会、做批注等，分别介绍如下。

1. 总结提纲

总结提纲就是逐段地把所读文章的提纲找出来或总结出来。读完一篇文章后，要弄清文章每个段落的主要内容和全文表达的主题思想，并简要地记录下来。下面我们以课文《小猴子下山》来做说明。

《小猴子下山》提纲

第1自然段：小猴子走到一块玉米地里掰了一个玉米往前走。

第2自然段：小猴子走到桃树下，扔了玉米摘桃子。

第3自然段：小猴子来到西瓜地里，扔了桃子摘西瓜。

第 4 自然段：小猴子看到一只兔子，扔了西瓜去追兔子。

第 5 自然段：小猴子两手空空地回家去了。

中心思想

做事情要抓住重点，要专心致志，不能三心二意；不要贪多，否则会顾此失彼。

2. 制作卡片

（1）在读书的过程中，可以把写得精彩的片段、句子、词语写在卡片上，然后可以在卡片上标序号或者分类，方便查找和归纳。

（2）读完一本书时，可按照书名、作者、类别等进行分类，并把有意义、有深刻哲理的话摘记在自制的小卡片上。例如：

作品名称	《钢铁是怎样炼成的》
作者	（苏联）尼古拉·奥斯特洛夫斯基
哲理名言	人最宝贵的东西是生命。生命对于我们只有一次。一个人的生命应当这样度过：当他回首往事的时候，他不因虚度年华而悔恨，也不因碌碌无为而羞愧——这样，在临死的时候，他能够说："我的整个生命和全部精力，都已经献给世界上最壮丽的事业——为人类的解放而斗争。"

3. 摘录

在读书时把书上精彩的、有意义的、有深刻哲理的语句或重要的片段摘抄在笔记本上，可以用不同颜色的笔做记号或做装饰，让摘记充满生趣，翻阅的时候也能感受到乐趣。日积月累，孩子的写作水平也会有所提升。

4. 写感想和体会

读完一本书之后，总会有一些感受、心得、体会或收获，把这些想法写下来，方便再读时参考。

5. 做批注

在阅读时，可以边读边用圈、点、线条等标记勾画书中的重点词句和重要内容，或在旁边空白处写上批语、心得体会和意见。这样做既方便理解，又方便查找和识别。